高情商

「婚姻课」

秒懂男女关系的第一本书

杨颖 编著

扫码点目录听本书

四川人民出版社

图书在版编目(CIP)数据

秒懂男女关系的第一本书 / 杨颖编著. —成都 : 四川人民出版社, 2019.10
ISBN 978 - 7 - 220 - 11605 - 6

Ⅰ. ①秒… Ⅱ. ①杨… Ⅲ. ①恋爱心理学 - 通俗读物
Ⅳ. ①C913.1 - 49

中国版本图书馆 CIP 数据核字(2019)第 191165 号

MIAODONG NANNVGUANXI DE DIYIBENSHU
秒懂男女关系的第一本书
杨颖/编著

出 版 人	黄立新
策划组稿	杨建峰
责任编辑	冯 珺
技术设计	松 雪
封面设计	门乃婷工作室
责任印制	李 剑
出版发行	四川人民出版社(成都市槐树街 2 号)
网 址	http://www.scpph.com
E - mail	scrmcbs@sina.com
新浪微博	@四川人民出版社
微信公众号	四川人民出版社
发行部业务电话	(028)86259624 86259454
防盗版举报电话	(028)86259624
印 刷	河北鹏润印刷有限公司
成品尺寸	143mm × 208mm
印 张	6
字 数	136 千
版 次	2019 年 10 月第 1 版
印 次	2019 年 10 月第 1 次
书 号	ISBN 978 - 7 - 220 - 11605 - 6
定 价	35.00 元

爱情，是心之产物，表现形式就是恋爱、婚姻。这个世界由男人和女人组成，就如同《周易》中讲的阴阳一样，相互依存、生生不息。从古至今，人们从未停止对爱情这个话题的讨论，但爱情，始终是人与人之间最难解的一道谜题。有时候，我们总是在爱与不爱、付出与收获之间徘徊。我们渴望爱情却矜持着不敢迈步，为何爱情中总是事与愿违？有些人始终在爱情的门外徘徊得不到意中人的心，有些人在关系中付出很多但却屡屡被爱情伤害，有些人恋爱很久但迟迟得不到真正幸福的果实……有的人恋爱之路比较顺畅，甜蜜幸福；有的人恋爱之路却总是荆棘丛生，困难重重，这些深层原因何在？

除了现实的规律和所谓的“缘分”之外，心理因素十分重要。爱情并非不能把握，如果你知恋人所想，就能让你轻松俘获恋人心，让你们的爱情时时保鲜。许多人都认为恋爱是个人的事情，不需要也不允许别人插手。不过，这并不意味着每一个人都是个中高手，能够巧妙地解决恋爱中遇到的各种问题和危机。因为在恋爱的过程中总是会出现许多解不开的困惑，总有一些你不明白的事儿：怎样制造“意外的邂逅”？如何在众多追求者中胜出？怎样把情话说到恋人心坎上？怎样做个让女人朝思暮想的好男人？诸如此类的问题，看似简单明了，但如果没有方法技巧，只是想当然地按自己的主观意念去做，很可能会让相处对象误解自己的好意，引起不必要的矛盾。

本书用通俗易懂的语言、贴合实际的事例，从两性心理差异、两性交往心理、爱情心理等方面系统解读两性相处的心理学原理、方法和技巧，做最深层的情感揭秘、最有效的心理指导，给无数恋爱中烦恼的男女指明一个正确的方向，帮助他们构筑最适合自己的恋爱形式。书中除了理论分析之外，还给出了更多指导男女交往的有效方法，比如怎样表白，如何约会，等等，教你一眼看穿恋人的心思，帮助你攻破爱情的重重关卡，最终到达幸福的彼岸。

爱情是男女之间一个永恒的话题。当你真正了解自己与异性的心理特点、行为方式，学会与异性相处之道，掌握合理处理情感问题的方法，就会在男女交往中游刃有余，打破矜持，轻松自如地获得异性的青睐，得到爱情与幸福。让年轻的男女相爱简单，相处不难。现在，就让我们打开这本与异性交往的指南，分享成功的经验，从中获得更多与异性交往的智慧，早日收获爱的果实。

2019 年 8 月

扫码点目录听本书

目录 CONTENTS

01 两性心理天生存在差异

02 推开男人那扇门

03

揭开女人的那层纱

04

与异性交往时男人最可能犯的错误

05

与异性交往时女人最可能犯的错误

06

先走进眼里，再走进心里

07

表白，爱要怎样说出口

08

爱情是“约”出来的

09

关于爱情的忠告

第一章

两性心理天生存在差异

扫码点目录听本书

扫码点目录听本书

男女情感心理不一样

在情感心理上，男女差异非常明显，归纳如下：女性情感丰富，男性情感受到许多理念的抑制而相对较少；女性比男性容易动情；女性情感易变，男性情感相对稳定；男性情感多停留在表面，易冲动，女性则容易深入体验；男性情感粗犷，女性情感细腻；爱一个人的时候，男性往往热情如火，女性则多温柔体贴；男性感情刚劲，女性感情脆弱；男性对愤怒、惊恐感受强烈，女性则对悲伤、忧愁体会更深刻；女性比男性容易焦虑；女性的感情主观色彩较重，男性则较为理性、客观；某种情感在女性之间会迅速传播，在男性之间则传播得非常迟缓；女性个人情感具有扩散性，男性情感较集中；男性心胸较开阔，情绪问题少，女性心胸则较狭窄，情绪问题多；女性言行感情色彩重，男性言行感情色彩轻；女性比男性更容易表现出嫉妒、羞怯、惭愧等复杂的情感，难以自拔与超脱。

在情感表达方式上，男女也有明显差异。女性的情感表达常表现出委婉、含蓄、含糊、暧昧等特点，尤其是女孩子，更偏好掩饰自己的真实情感。比如让她们对人或事给出一个“好”或“坏”的评价时，往往得不到其明确答复——遇到非常喜欢的，不说喜欢；对自己讨厌的，也不说讨厌。其实这样可以留给自己很大的选择余地。当被男性追求时，女性更会暧昧有加，因为这样可以增加自己的神秘感和吸引力，让男性更大胆、热烈地追求自己并考验他的真心。其实，女性有时候自己也摸不透自己，不知道自己到底想要什么，常常没有明确的目标而凭感觉来生活。这是女性情感表达暧昧的另一个原因。

而男性在情感表达上喜欢直截了当，不喜欢兜圈子，对人或事的“好”或“坏”，他们不掩饰自己的真实情感，会做出明确的决断，好就是好，坏就是坏，不会含糊其词。

男女行为心理各有别

1. 交际差异

现如今，女性往往有较多的朋友，尤其是与同性朋友之间能长久保持较亲密的联系；而男性则较少有长期亲密联系的朋友。他们除了握手之外，似乎不再需要任何进一步的身体接触。对此，心理学家认为，小女孩可以手拉手一起上学，受了委屈互相安慰，养成了亲密接触的习惯；小男孩从小就被教导要坚强、独立、自己的事情自己做。他们不敢像女孩那样，害怕会被别人说没出息。这种观念根深蒂固，以致影响其一生的交友态度。

2. 生活习惯差异

男女生活习惯不同，尤其是各有不同的坏习惯。调查显示，排在首位的不良生活习惯，男性是不爱吃水果，女性则是不爱运动。这些生活中的坏习惯是人类健康的大敌，但其养成非一朝一夕，改变起来不容易。

3. 女性更喜欢撒谎

通常，我们认为信口开河、夸夸其谈的人，男性多于女性。可大多数心理学家却不这么认为，他们认为女性更擅长撒小谎、欺骗、遮瞒、找借口。因为她们体力天生比男性弱，所以不得不靠小计谋来弥补生理上的缺陷。

4. 不信任行为

女性疑心通常比男性重，尤其表现在对配偶的信任问题上。妻子经常怀疑、害怕丈夫有外遇。心理学家认为，这是因为在她们心目中，男人天生“坏”，他们从不把自己作为丈夫与父亲的身份当一回事，总想逃避家庭的责任。一想到把终身托付给“坏”男人时，女性就会不寒而栗、倍加防范。

男人自主意识强，女人从众心理强

相对来说，女性比男性更容易受暗示性行为的影响。

男性通常喜欢按照自己的意愿行事，行为目的性明确，独立性较强。男性不愿让别人的言行来左右自己的决断，对别人的意见、建议或暗示性行为不容易盲目接受。他们一般先理性地思考别人的意见或建议是否正确，然后再做取舍。正因为如此，男性有时候显得很固执、武断，易出现重大失误。

女性从众心理强，很容易被别人的言行“感染”，从而无分析地接受别人的观点，或者因别人的影响而轻易改变自己的决定。

例如，女孩儿看见有谁在哪里做了一个漂亮的发型，就会纷纷跑到那里做个同样的发型出来；妈妈们看见别人的孩子穿上名牌衣服挺神气，自己也会买来好衣服“武装”孩子；女孩儿都希望有个好身材，看见女舞蹈演员“修炼”的小身段那么婀娜，也会纷纷效仿，积极投身健美运动；女性还特别喜欢“算命”，乐于接受种种暗示。这可能是因为女性对未来总有一种不安全感，缺乏男人那样的判断力，于是就求助于“算命”了。

是什么决定了男女心理的差异呢？

上述种种的男女心理差异，是先天遗传因素和后天环境、教育因素相互作用的结果。

男女性别是由性染色体决定的，男性性染色体为XY，女性性染色体为XX。这种遗传差异是一切两性差异产生的基础。男女性腺分泌的不同激素使两性大脑功能的发展存在差异，且使两性气质、性格等方面也不相同。比如，男性的高水平雄激素使他们比女性攻击性强。

后天环境和教育因素对男女心理差异的形成起决定性作用，可以扩大、缩小甚至泯灭先天遗传因素的影响。由于种种原因，男女的社会地位、家庭分工不同，且存在许多传统观念和偏见，使人们在给男女儿童选择玩具、取名字、穿衣打扮、养育方式上有所区别，从而影响了儿童的性别定型，对男女儿童不同的教育要求和教学方法也强化了性别差异。

男人的“爱”和女人的“爱”

男人的爱可以给 N 个女人；女人的爱只给一个男人。

男人的爱是用眼睛看出来的；而女人则是用感觉。

男人爱女人的过程是：爱—厌烦—离开；女人爱男人的步骤是：无所谓—喜欢—爱—真情难收。

当男人很爱女人时，女人可能还没有爱上男人；当女人逐渐喜欢并爱上男人时，也许正是男人厌烦了女人准备开溜之际。

男人的爱是把天鹅逐渐变成癞蛤蟆的过程；女人的爱是把青蛙逐渐变成王子的过程。

女人的爱是执着的，因为她经常对以前的爱人念念不忘；男人的爱是天气预报，经常阴晴不定。

男人爱用“下半身”思考；女人更多的是考虑“下半生”。

女人永远可以区分“爱”和“喜欢”；男人只知道哪个是最爱，所谓的“唯一”基本不真实。

和女人在一起时，女人是男人的全部；和女人分开时，她什么都不是。

和男人在一起时，他是她的全部；和男人分开时，他还是她的全部。

男人的爱可以用名利、地位来衡量；女人的爱可以拿名声、生命去换取。

男人以得到好女人来炫耀自己；女人以守住好男人来炫耀自己。

好男人的责任感使他把自己看作一个战士，为婚姻垒个城堡，他就是守护的勇士；好女人的爱使她把自己看作一个护士，家庭就是她的病人，在她看来它总是有点令人担心。

男人表达向左，女人表达向右

男人和女人，不仅身体素质、性格特征以及免疫力有很大差异，而且在语言交流的表达方式上也不相同。

比如，有一对夫妇正在驾车行驶，妻子问丈夫："想停下来喝点什么吗?"丈夫实话实说："不想。"他们继续行驶。结果呢，确实想停下来喝一杯水的妻子十分懊恼，因为丈夫没有理解她的意愿；丈夫则看到妻子在生气，也很生气，心里嘀咕："她干吗不直接说?"在这种情况下，如果双方都了解一点彼此不同的交流方式，绝不可能会都生气。 很遗憾，丈夫没能看出妻子问他想不想停下来，不是想立即得到一个决定，而是想和他商量一下；妻子呢，没有意识到丈夫说"不"的时候，只是在表达自己的意愿，而不是在支配她。

一般来说，男人受着来自外部环境和内心的双重压力。男人被公认为"勇敢、果断、有胆识"——这是外界对他们的重压。 另外，为了维护"我是顶天立地的男子汉"这一信条，男人发言有攻击性，时时担心自己的尊严受到蔑视、自己的能力不被认同等，内心十分紧张。 于是，男人几乎将生活中的一切活动视为验证自己是好汉的机会，谈话自然也不例外。 结果，谈话成了维护自我形象的一种竞赛，在这场竞赛中，男人要么为了取得某种优势，要么为了不被摆布。 而对于女人，交谈是获得别人确认和支持的有效方式，女人从彼此交谈中，或者找到双方的共同点，或者体会到对方的同情。

男人更关心自己的形象地位，所以，男人必须首先证明自己凡事都能做主，不听命于任何人；而女人，由于竭力保护与别人的亲密关系，获得别人支持，所以在“独立自主”上并不十分敏感，有时甚至为与别人的亲密关系而感到自豪。因此，生活中很少听到男人说：“这事我得回家和老婆商量。”而女人则很乐意说：“我得和丈夫商量一下再做决定。”

此外，男人认为抱怨意味着“必须找一个解决的方法”，而对女人而言，在大多数情况下，交流与其说是为了获得信息，倒不如说是为了寻求感情上的支持和安慰。妻子向丈夫抱怨自己固有的毛病，并不是真的想改变它。如果丈夫竭力安慰说自己不在乎，在他眼里她依然很有魅力等，则妻子会十分满足。

由此可见，男人与女人的表达方式不同。男人应将女人的琐碎表达看作她们兴致很高、与自己亲密的表示。而女人也应理解男人有“利用谈话来引起众人注意和钦佩”的爱好。

男人沟通靠“说”，女人沟通靠“感受”

男人认为有不满就要说出来，对方才能知道，不必猜来猜去；而如果不把不满说出来，对方便无从改善，所以表达不满是为了点醒对方、解决问题，是一种善意沟通的桥梁。

女人是不习惯有什么不满就立刻发泄出来的，为了不破坏感觉与彼此间的关系，往往会先采取容忍的态度。女人也不习惯用清晰明白的言语来表达情绪，女人认为如果男人真的在乎，就不会一点都察觉不出女人的不满情绪，即使没说出来也该知道；但如果男人不够真心，说出来有可能就有危机。

男人要先沟通，才会有好的感觉；女人要先有好的感觉，才愿意沟通。

夫妻间沟通最大的障碍在于语言不同，又不肯迁就对方的语言，结果是连沟通的意愿也没有了。

男人常把女人的抱怨当“故障报修”来排除，女人则常把男人的抱怨当作“移情别恋”的象征。

男人总把女人的抱怨当作是对自己缺点的不满，以为只要将这些缺点改掉，就可以解决问题。女人常把男人的抱怨当作是“不再爱我”的象征，然后便开始怀疑自己是否“魅力不再”，或怀疑对方是否有了新欢，于是她们经常进行面部护理或是去美容中心整容以挽回男人的注意。

男人的无知在于以为行为的改正可以挽回女人受创伤的感觉。其实抚平伤口最有效的方法是创造一个甜蜜的感动，而不是发誓“下不为例”。而女人的天真在于以为把自己打扮得像朵野花，就可以让男人不去摘野花，其实有时男人的喜新厌旧不是真想另起炉灶，而是想证明自己还有人要……此时，女人越是一哭二闹，越是适得其反。

男人和女人天生在感情世界的行为模式就是不同的。当男人在婚后将热情冷却、由浪漫转为理性生活的同时，女人却才开始打开心门，准备享受浪漫……

除非这辈子你都不再相信婚姻，否则与其去等待上帝带给你奇迹，还不如学会认识男人女人之间真正的沟通方法。

男人需要感激，女人渴望倾吐

爱是一生的功课，只有身处爱中的夫妻才能够巧妙地化解危机，让彼此在爱中成长，并且在相处中找到平衡点。

男人必须懂得，女人渴望倾吐；女人也必须明白，男人需要感激。

当男人爱上一个女人时，他的至高目标就是使她快乐。因此，当妻子看起来不快乐不满足时，他会失去自己是一家之主的强烈自我意识，在情感深处就很容易产生挫败感。而现代女性因为工作过度紧张而常常觉得不满足是可以理解的。因此，夫妻双方都在寻求关爱与感激。女人会想："我和他一样辛苦，为什么我要感谢他?"由此无法给予对方所企求的情感支持。如果男人没有得到感激，就会觉得工作毫无意义，挫败感因妻子的不快乐而加重。对他而言，她的不快乐就是失败的象征，他会想："我何必做得更多？我已经做了这么多，她也没有感激我。"

女人也在社会中辛苦地工作，回家之后往往格外需要倾吐心绪，希望得到爱人的情感支持，然而男人却常常忽视这一点。那么，当互相了解之后，男人应该施展他的亲密技巧，以得到他所期望的感激，女人则应学会获得男人情感支持的有效方法。

其实很简单，男人疲惫不堪地下班回家，最需要妻子的快乐，妻子的快乐会消解他白天的压力。但是，当一个精疲力竭的女人回到家后看到一个快乐的男人时却没有相同的效果，就算对方能够感激她的辛劳，也不能使她感觉压力减轻，她所需要的是说说话，渴望得到情感上的放松与支持。

总之，了解并尊重“男人需要感激，女人渴望倾吐”的差异，就能够共同营造双方都满意的亲密关系了。

♂ 男女大不同 ♀

男人自主意识强，女人从众心理强
给我剪个和别人都不一样的发型。
现在最流行什么发型，我就要剪什么发型。
男人说话较直白，女人说话较含蓄
我觉得小李人品有问题。
小李这个人吧，还挺一言难尽的。他做的有些事让你总觉得心里不舒服，但是仔细想来……
男人热爱冒险，女人较为胆小
这个鬼屋看着就很恐怖，一定有趣极了！
还是不了吧，我害怕……
恐怖鬼屋
男人偏向直线思维，女人偏向曲线思维
他今晚怎么这么冷淡，他是不是不爱我了？我是不是变胖变丑，不如以前好看了？他是不是有别人了……
又输球了，真是令人沮丧。

第二章

推开男人那扇门

男人都有自己的人生哲学

男人的人生哲学是：信念、事业、尊严与理性高于一切。他们总是以强者自居，以义务自我约束。若是舍弃上述种种，他们便认为自己失去了作为男人的资格。

几乎所有的男人都抱有这种信念，他们从小就一直被灌输这种思想，不能欺负女孩，男子汉不能哭，等等，这种教育几乎伴随着男人的整个人生。

因此，在男人的思维中，恐怕或多或少都会留下一定要“活出个男人样”的烙印。

但随着年龄的不断增长，男人又不得不面对生活的现实。在现实生活中，恋爱和结婚是其中最重要的两个环节。

男人希望能给自己所爱的人带来幸福、快乐，不想让她们感觉到丝毫痛苦，而最能确认男人价值的标准就是恋爱和结婚。

但是，女人往往会妨碍男人去实现他们的梦想，有时甚至会成为梦想的直接破坏者。因为，自由是男人的理想，而女人的内心则只想对自己的男人有所约束，男人不想只成为一个女人的男人，而女人却只能容忍男人对自己单一的忠诚。不论是恋爱还是结婚，男人都不想由此而改变自己原有的生活方式，否则他们就很难完成“真正男人的梦想”。

当然，与爱情的力量相比，所谓“真正男人的梦想”有时又会显得微不足道。在现今这个世界上，最具冲击的力量有两个：一个是爱情，一个是宗教。爱情可以摧毁任何障碍。所以，即使男人原本有很多人生设想，但如果爱上某个女人，他就可能为她放弃一切，甚至为爱哭泣，为爱而背叛。

但是，这种特殊的爱情模式通常是不存在的。所以，一般情况下，男人在设想为女人创造幸福甚至奉献出一切的时候，并不想失去男人在社会生活中所固有的尊严。

那么，什么是男人的尊严？其标准又是什么？这其实完全取决于男人自己的认识。

有些男人认为，沉稳是男人的重要标志。沉稳的男人可以承受得失的考验，甚至可以牺牲个人利益。

人不能无止境地承受损失，但有时却不得不去面对。面对失败而不退却的人，可以被认定为是一个真正的男人。

在我们生活的这个社会中，很多事情是不尽如人意的。

男人必须忍耐，必须接受人生中的不合理性。而一个真正的男人是能够勇敢地面对或者正视这一现实的。

对于结了婚的男人，家庭始终是激励他奋斗的坚强后盾。

因为支撑家庭是男人的责任。作为男人，他的本能要求他守护好自己的巢穴，为守护而生存。不能尽责的男人将失去自己的尊严。所以，为了自己，为了家庭，男人必须拼命地工作。

男人的愿望是既能守护好家庭，又可以负担起社会的、情义的责任。但有时这种美好的愿望之间要发生碰撞，以至于不得不做出舍去一方的选择，这实在有些强人所难。

在日常生活中，男人时常会面临这种选择：节假日放弃加班或为了家庭提早下班。这虽然微不足道，但却要求男人做出果断的抉择。

现实生活中，几乎每个男人都有自己的人生哲学，几乎没有一个男人不想成为一个真正的男子汉。但是，社会生活中的种种错综复杂的问题却牵扯着男人们，使得他们通向目标的路途不那么平坦。

男人往往认不清真正的“自我”

男人为了满足社会期待而掩藏真实的“自我”，塑造理想的“自我”。真实被理想所冲撞，于是造成了他对真正“自我”的模糊与迷失。

男人一生都得对自己、对朋友、对家人显示出社会环境所要求的男子气，即使偶尔体验一下作为有血有肉的人的那份激情和喜悦，也只能是浅尝辄止。因为，要在未来的“远征”中攻无不克，他们就必须舍弃自我，舍弃灵魂深处所渴望得到的快乐。

有人说，男人的不幸在于他们缺少真实的生活，因为他们所做的事大多是为了给别人看的。男人不得不保持一种姿态，似乎一切都“OK”。如果你问一个女人近来怎样，她很容易把心中的烦心事吐露出来；但如果问的是男人，他的回答通常很简单：“不错。”其实，天知道他心里有多少烦心事。这种“男人有事不言语”的伪装，世世代代被誉为男性的“美德”，却害苦了男人也害苦了女人。

男人往往并不清楚自己究竟是谁，自己需要什么。他们常常觉得自己好像是在动物园笼子中被养大的老虎，木讷、惶惑，但又有无穷的精力难以排遣。他们觉得世界上还有许多东西存在，但又不清楚那究竟是什么东西；他们觉得世上有许多东西可以得到，但又总是得不到。

男人一生都得对自己、对朋友、对家人显示“男子气”，仿佛他事事都“胸有成竹”，能够“马到成功”，否则就不配称为男人了。男人偶尔也一反常态，于是我们看到他怎样地沉溺于一个女人的怀抱，怎样在美丽的海滩上仰天长啸或在幽静的山林中引吭高歌。可是男人绝不能在那里耽搁太久，因为他必须继续“远征”。

然而，并非所有男人都能长期保持得住一切都好，“露马脚”者屡见不鲜。某领导离职后一蹶不振，某商人生意失利后发疯，某男人被女友抛弃后自杀，某丈夫因妻子外遇而行凶杀人，诸如此类关于男人的故事，使人好生纳闷：男人怎么啦？

近年来，西方世界出现一场浩浩荡荡的“男子汉运动”，它试图分析和解答关于男人的那些问题。研究者们指出，我们迄今都未重视这样一个事实：当今社会中男孩与父亲的接触实在太少，身边没有良师益友式的男人来帮助他成长为一个合格的男子汉。女孩子的情形则大不相同：她在家里与母亲的接触十分自然，并且幼儿园和小学的老师也多为女性，所以女孩自幼就有与同性接触交往、沟通理解和学习模仿的大量机会，使女孩很容易与同性建立深厚友情和亲密关系。男孩的成长环境中缺少成年男子的角色示范，他们只能根据影视媒介中的形象去虚构一个男人，并按照这种虚构的男子汉形象去行事，以证明自己也够得上一个男人。但是，由于他始终不了解男子汉的内心世界，所以他不能在模仿过程中获得真正的成长。对儿童社会化过程的研究表明，无论是男孩还是女孩，都需要与心智成熟和健全的男人有数千小时的接触交往，才能成长为一个健全的成年人。而今，男孩子的社会化环境特别不利，其结果是他虽有五尺男儿的外表，但却包裹着一颗脆弱的童心，这就是所谓的“大男孩”。他为了掩饰自己内在的脆弱，就不得不学会伪装，以免丢失面子。这种伪装是被迫的，它使男人内心封闭而孤独，而女人又很少理解男人的这种孤独。

就像变色龙是根据环境而变色，却并无自己真正的色彩那样，男人往往也很少有真正的“自我”。无论男孩以什么样的“新潮”男人为楷模，到头来都只能是失落与空幻，其灾难性的后果最终可能从他们的婚姻生活、父子关系、身心健康以及社会行为上反映出来。

判断男人心理成不成熟的标准

1. 干净整洁

成熟男人重视自己的外表。他们留最适合自己的发型，下巴干净，没有胡子茬，面部不油腻，不留长指甲。衣服不一定要名牌，但整洁大方，不会皱巴巴。他们绝不会穿黑皮鞋配白袜子，不会穿着西服去旅游。

2. 尊老爱幼

成熟男人有爱心，有社会责任感，有中华民族的传统美德。他们会给老人和孕妇让座，会给受灾地区捐款捐物，会帮助失学儿童，会义务献血……这些事情他们不一定全做，但他们绝不会什么都不做。

3. 有业余爱好

他们不是只知道工作的机器人，懂得用业余爱好来调节自己紧绷的神经，工作休闲两不误，这使他们有情趣。怪不得女人们说：有爱好的男人不容易变坏。

4. 重视诺言

成熟男人绝对不会出尔反尔，他们对自己的每个承诺都相当重视，在许诺之前周密考虑，自己的话是否真能兑现，如不能兑现的话，他们绝不说，言出必践。他们的每一句话都让你觉得放心、可信任。满嘴跑火车、乱放空炮、迟迟拿不出行动的男人，与成熟不沾边。

5. 心胸宽广

成熟男人不斤斤计较，不贪图小便宜，不在乎吃点小亏，不喋喋不休地抱怨这抱怨那。他们的眼光从不被琐碎事务绊住，对于家庭中的小争吵，他们经常是“首先回头的天使”。

6. 不以自我为中心

成熟男人尊重自己，更懂得尊重他人。他们善于换位思考，会站在别人的立场上来考虑问题，不强求别人迁就自己，善于同别人合作。凡是“我怎样怎样”的男人，都是典型的小皇帝脾气，还没长大。

7. 勇于承认错误

成熟男人不顽固，能接受不同意见，善于采纳好的建议。对于自己的不当决策，他们勇于承担后果，从不找借口搪塞推诿。

8. 意志坚定

成熟男人有处变不乱的心理素质，他们一旦确定自己奋斗的目标，就朝着它努力。遇到挫折，他们分析原因，吸取教训，及时修正方向，但决不轻易言退。他们会疲倦，但在休整后，又信心十足地出发了。

9. 不夸夸其谈

成熟男人从不随随便便高谈阔论，他们会把握适当的沉默，说话声音清晰但不乱嚷。随便喝点酒就把自己的那点小经历、小故事拿来满桌子大讲，不用喇叭半屋人都能听见的，这种男人最多博听众一笑，谁也不会把你那五花八门的所谓“奋斗之路”放在心里。

10. 有学识而含蓄内敛

他们读书，接受新事物新信息，不断丰富自己的内涵。但他们不张扬，他们的才华只在必需的时候才展现出来，决不会为了满足虚荣去刻意卖弄。他们如醇厚的酒，越品越有味道。

男人的情感通过行动来表达

男人和女人由于大脑运作方式存在一定的差异，因此在表达情感方面也有很大不同：男人通常通过行动表达情感，女人则是通过交流。

女人在交流中宣泄自己的情绪，男人在行动中梳理自己的感情，思维方式的差异造成了女人对男人的误解。其实，女人只要对男人的决定和行为直接表明态度，就找到了通往他们内心深处最便捷的路。

在表达情感方面，男人和女人是大不相同的。当女人情绪不佳时，首先想谈她的感觉，然后在继续谈的过程中，认知能力出现了。于是她就会考虑她在说什么、想什么，并把这种感觉找出来。她从大脑感觉部分出发，到达交流部分，又到思维部分，这是她最自然的线路，渐渐地反复多次，她发展了感觉、谈论和思考的能力。

对男人来说，表达感情的过程是不同的，因为他遵循的是另一种顺序。首先是他的感觉中枢启动，然后是他的行为中枢，最后是他的思维中枢。当情绪不佳时，他的第一个想法是对此做点什么，行为引导他更清楚地思考。渐渐地，他发展了感觉、行动和思考的能力。

由于大脑发展方式的这些差异，男人和女人的行为和沟通方式也不同。男人把进行交谈首先看作是为达到某一目标或解决某一问题而表达他们思想的一种工具。女人进行交谈也出于同样的目的，但她们还把交谈当成联结她们的感受以及阐明她们思想的一种方式。

同样，行动对男人来说更加重要。行动犹如一台水泵能激发男人大脑中的思维部分。女人同样也靠行动来解决问题，然而对男人来说，行动意味着更多的内容。行动是男人保持头脑清晰以及表达感情的最重要的方式。

迈克的一位男性朋友得到了女儿患癌症的可怕的消息。在他打电话告诉迈克之前，迈克已从妻子邦妮那儿知道了这件事。电话中他们互致一般问候之后，朋友说他有个坏消息，接着就不说话了。

“我已从邦妮那里听说了。”迈克说，为的是不让他再重复一遍那个坏消息。

又停了一会儿，朋友问迈克是否有时间去打网球。迈克说可以，于是他们约好在附近的网球场见面。

在迈克告诉邦妮他要去那儿时，她十分理解并且让迈克替她拥抱一下那位朋友。

打球过程中，迈克和朋友交换场地或者走到网边捡球时，他们会说上几句话，然后接着打，再接着谈。对那位朋友来说，打网球这项他擅长并喜爱的活动为他提供了表达自己对已发生的一切如何感受的机会。他以交谈的方式归纳他的想法，然后接受迈克的反应和理解。但是他联系感觉的最初方式是打网球。

当他把球打出端线或边线时，他就会联想到因自己不是一个完美的父亲而感到的痛苦，反思他可能犯过的错误；如果打了一个界内球，他就会联想到去做正确的事，做一个好爸爸。通过希望打赢迈克，他会燃起战胜癌症挽救女儿的热切希望之火。

打完球后，他们坐在球场边的长凳上，一起探讨以不同方式支持他女儿经受住即将来临的严峻考验。在谈话中，那位朋友会不自觉地联想到，有时还会表达出他对将失去女儿的忧虑及对女儿的深深爱意。

这个故事有一个可喜的结局——那位朋友的孩子治疗效果很不错。

由这个故事我们不难理解，男人正是通过自己的行动最直接地触及感情。只有别人了解并赞许他的行动，他才会觉得别人最爱他。因此，直接对男人的决定和行为表示赞许，原谅他的过错，这是通向他内心深处的一条最便捷的路。

这种接受可以最有效地使他体会到被爱的充实，反过来也变得更加可爱。女人的天性使她们对此不理解。女人错误地给予男人她们自身想要的爱情支持，却不了解男人的需要。她们天生就不明白最好的充满爱意的办法是给予他们空间，接纳他们，然后在他们直接感到得到支持时，要热情地回应他们，并说她们很高兴在自己的生活中有了他们。

只有对男人怎样表达自己的感情有了新的认识，女人才能开始将她们对男人的支持集中在最关键之处。

男人有悲伤也会埋藏在心底

男人的喜怒哀乐本应该是外露的，但社会对于男人“刚强”的要求，使得男人不得不将悲伤的事隐藏在心底。其实，男人无论是喜悦还是悲伤的时候，都和女人一样希望有人和他共享或理解。

男人素以刚强著称，但并非所有的男人都时刻刚强，在男人刚强的外表下，也常常隐伏着感情脆弱的一面。

有人曾说：“在女人的温柔下，男人的喜悦会因为获得肯定而扩大激情；而若是烦恼或悲伤，若能有女人的安慰和理解，则会给予男人莫大的信心和力量。”

男人的悲伤从表面上看似乎比女人少，其实并不一定。因为男人争强好胜，所以，他们通常会把悲伤埋藏在心底，不愿意将它告诉别人，以免影响自己的性别角色。我们不妨看一看男人都有哪些悲伤。

假如家里出现了第三者，自己被迫戴了绿帽子，男人当然痛苦万分；假如在关键时刻被最好的朋友出卖而使自己蒙受灾难，男人必然捶胸顿足；假如心爱的人在远方得病；美好的恋爱因一次误解而分道扬镳；为之牵挂的足球队连战连败；被人敲诈勒索；老人突然病故；等等，这些事均能使男人悲伤至极。

尽管男人悲伤的事有这么多，但许多男人总是将悲伤隐藏于心底，不到万不得已，绝不愿意抖搂出来让别人“分担”。所以，不少专家学者都认为男人心中的悲伤比女人多。男人不能过度沉默，男人过度沉默，必定是为悲伤的事所困扰。

在成功面前，男人所能看到的是鲜花和祝贺；在失败的时候，男人面临的窘境是尴尬，他会陷入一种极度的孤独。与其让人知道自己失败，不如自己将失败的苦果悄悄吞下，直到来日自己成功了，这种悲伤便会随之而去。

♂ 判断男人是否心理成熟的标准 ♀

第三章

揭开女人的那层纱

浪漫是女人心中永远的向往

有一首红极一时、现在还被许多女孩子传唱的歌曲《最浪漫的事》，其中有一段歌词：“背靠着背坐在地毯上，听听音乐聊聊愿望，你希望我越来越温柔，我希望你放我在心上，你说想送我个浪漫的梦想，谢谢我带你找到天堂……我能想到最浪漫的事，就是和你一起慢慢变老，一路上收藏点点滴滴的欢笑，留到以后坐着摇椅慢慢聊。我能想到最浪漫的事，就是和你一起慢慢变老，直到我们老得哪儿也去不了，你还依然把我当成手心里的宝。”

每当看到女孩子哼着这首歌，陶醉其中的样子，都会让人感叹，女孩子为什么这么爱浪漫？是不是觉得她们有点傻呢？其实，对于初恋的少女，浪漫就是一杯香槟；对于经历过恋爱的女人，浪漫就是一杯浓浓的茶；对于迟暮的女人，浪漫就是一杯醇醇的酒。女人因为有了浪漫而更女人，浪漫因为有了女人而更浪漫。浪漫是所有女人心中永远的向往。

年轻的女孩子个个爱浪漫，尤其是处于情窦初开、花一般年纪的少女更是左一句“好浪漫哟”，右一句“好感动哟”，对浪漫的向往溢于言表。某高校一男生为了祝女朋友生日快乐，花了几千块钱，让一栋楼的男生配合，某点某分，全楼只有设计好的寝室开灯，寝室灯光正好构成了让女生死去活来的几个大字：I LOVE YOU！结果惹得几乎全校师生围观，女生们更是羡慕不已。

可以说，梦幻工厂好莱坞炮制的经典爱情片长盛不衰与一代代女人对浪漫的痴迷密不可分。还记得看电影《泰坦尼克号》，当露丝几乎绝望地对杰克说“你要活下去……”时，影院里哭声一片，出电影院时许多女孩子眼睛红红的，可把男士们给辛苦坏了，不但甜言蜜语哄她们，更要誓死表示忠心，当然花钱营造点浪漫氛围，逗她们开心更少不了。

浪漫不是年轻女人的专利，中年女人也一样向往浪漫，只不过隐藏于内心，不易察觉。风靡全球的电影《廊桥遗梦》讲述了两个生活在不同环境、有不同属性、过着不同生活、向往着不同生命情感的中年男女之间发生的浪漫爱情。据说此片上映后，婚外情的发生率大大提高。可见，人人心中都有一座麦迪逊之桥。

追求浪漫的心态男人也会有，不过女人更感情化，往往付诸实践，对浪漫的要求也更高。她们往往把男人够不够浪漫作为对她们爱得深不深的依据，不懂浪漫的男人，也往往被视为缺乏情趣。

因为追求浪漫，女人谈恋爱往往两眼全闭，逃离现实，陶醉在自己幻想的浪漫情景中，到婚后才睁开眼睛，发现现实一点也不浪漫。

粗心的男人常不知道女人要什么，浪漫的女人则以为男人会猜透她们要什么。结果男人因为舍不得买昂贵的玫瑰花而买其他花，在他们看来，这都是一样，都是一片好心，结果惹来女人的一阵伤心。

不是男人不懂浪漫，而是追求浪漫的女人往往让人无法捉摸。既然女性与男性在浪漫问题上取向天生有如此大的差异，那么女性自己制造浪漫或者给他一点提醒，共同营造浪漫的氛围也许是个不错的选择。

其实，浪漫不是在生日时收到令人尖叫的花束，也不是在每一个纪念日里惊天动地一番。新兴的浪漫主义，要你偷取每一个能够相聚的片刻，感性地分享，愉悦地共处。其实，亲密关系的营造并非一定要煞费周章才能完成，也不是兴师动众地邀请一整个乐队来伴奏的烛光晚餐才算数。不妨试着就只是一双紧握的手，一本两人共享的漫画书，一段有轻音乐陪伴的减压按摩，你会知道，原来营造浪漫可以如此容易。

崇尚性感主义

当城市温度在 36℃—39℃之间跳过来又蹿过去的时候，在街头、在人群中、在商场超市的橱窗里、在时装表演的 T 台上，一场“以露为美”“以露为荣”的流行竞赛正在展开。

从旗袍到连衣裙再到超短裙，从 T 恤到吊带装再到无带装，从洞洞装到露背装再到小肚兜，由此可见，女人们在穿衣打扮上的确有着非凡的创新能力和勇气。

时间与时尚虽然只差一个字，但时间代表着永恒，时尚却象征着瞬间。时间可以创造时尚，同样也可以淘汰时尚。我们完全有理由说，“露”特别是满街满城争先恐后地“露不惊人死不休”，无非是时间对时尚开的又一个玩笑罢了。

都市街头遍地都是露脐、露肩、露腰背的性感女人，万紫千红地盛开起来，这个世界似乎进入了半裸、半遮、半透明的新性感时代。

曾几何时，先是广告、电视、电影、杂志大版大幅的性感照片铺天盖地而来，接着是一向保守的女性开始大唱简约主义的颂歌，抛弃不袒胸不赤臂不露肩的古典主义形式。近来有调查表明，全球女性平均每天花 25 分钟在化妆和护肤上，大多数女人认定：不性感的女人不但不迷人而且不漂亮。

很显然，性感已经成为时代潮流。尽管有人称穿着暴露的女人为“性感炸弹”，但是众女人依然铆足了劲儿为自己的“性感”加分，性感对于女性来说是挑战也是目标。

女人对性感的追求总是介于一半清醒一半梦之间。女人在性感的包装中，不但重新全面构建了自己“美丽”的标准，也影响了大众的审美视野。

性感这玩意儿霸气得很，它规定你的衣服颜色、你的语言、你的口红、你衣服的尺寸，甚至于你的每一次呼吸、每一个眼神，使女人们一不小心就掉入了它的陷阱。

女性主义不仅是要消除社会对女性存在的不公正、不平等待遇，还要肯定女性自身的价值和价值观念，肯定女性做人的尊严，以及她们对文化的贡献。

然而对女人的至诚忠告是：首先做一个人格上有尊严的女人，并在无数不容分说的教唆中，镇静地问一声：为什么我一定要性感？

女人为何最看重爱情

男人感兴趣的是女人，而女人注重的却是爱情。如果不明白两性之间这种本质上的区别，男女就很难沟通。

现在，男人已经很少会写情书去追女人，想追谁当面不好说就在电话中说。那种痴痴追求一个女人数年不成，而又不另寻新欢的事已是童话。被女人拒绝，男人也不会痛苦，而是潇洒地将爱神之箭又射向另一位可爱的女人。总之，男人已被快节奏的社会发展逼得不断“进化”，以至于女人站在女人的角度惊呼：“现在已没有绅士般的痴情男人！”

当然，女人永远是女人，她们的爱情观永远都与男人不同。她们绝不会赞同男人的简单和粗糙，更不会相信什么社会节奏制约了男人柔情的怪论。女人理解的爱情就是被所爱的男人无微不至地体贴、关心和呵护，就犹如自己被浸泡到蜜糖罐中的感觉。

男人遇到动心的女人，很快就想占有。女人却不是，女人喜欢被追求的感觉，而且还会故意将被追求的过程弄得曲折、复杂和麻烦。她们会在一系列烦琐的被爱过程中，细细品尝做女人的幸福滋味。

不仅如此，女人也像男人一样在爱情上有无边无际的幻想。只不过男人容易幻想到性，而女人却更幻想无比浪漫、无比温柔的激动人心的爱情过程。男人要想真正赢得女人的心，不懂得女人真是万万不行。

聪明的文化商人明白女人是“爱情动物”，知道女人的需求。当他们发现男人十分简化恋爱程序已令女人极端不满时，就知道这其中有巨大的商业机会。于是他们编了很多可供女人画饼充饥又可使自己挣大钱的爱情故事来兜售给女人。比较成功的案例便有《廊桥遗梦》和《泰坦尼克号》。

这两个故事使许多女人沉浸在爱情的浪漫之中，女人在受感染的那一瞬间，的确显得非常柔情。可是，当飘飘然中的女人发现身边的男人并不像是故事中的白马王子时，她们就会产生失望，也会更挑剔和扩大男人的缺点，有些还断然与他们分手。

不言而喻，《廊桥遗梦》和《泰坦尼克号》使许多男人成为冤枉的爱情牺牲品，因为生活中的男人真的很难像艺术作品中的男人那样具备艺术化的魅力。

其实，这两段爱情如果不分手或不沉船，而是继续爱下去，也肯定是一场分手悲剧。虚构的故事用浪漫人物相互碰撞产生的火花点燃了女人，使女人在燃烧时忘记了现实。

这个世界上，几乎所有热烈的爱情都是由心灵空虚点燃的，这种爱情像闪电，非常美但却很难长期维持。也许追求质量和感觉的现代人正需要这种刺激。特别是女人，一生中如果没有感应过这种“闪电”，心灵深处是不会罢休的。

女人对爱的追求是不断的，但是，女人往往是幻想的巨人，行动的矮子。女人很难在行为上轻易背叛，因为女人一定先有爱才可能把心和身交出去。

女人的爱视角是向上的，女人不会对一个水准比她低的男人产生爱的冲动，现在有些男人单纯花钱找女人，还自以为征服了女人，甚至还很幼稚地认为自己又经历了一次动人的爱情，这就是不懂女人心的表现了。

女人葫芦里到底卖的什么药

世界如果没有逻辑就会混乱，而女人没有逻辑，有时倒显得无比可爱，独具魅力。

不信，你瞧瞧恋爱中的女人，如果女人满脸庄重地说“你是个好人”时，这就意味着事情快要“黄”了；如果女人一脸笑容地拧着你的耳朵，说“你真坏”时，那么，小伙子准备吧，离洞房花烛的日子不远了！

如果男人情不自禁地吻了她，女人故作娇嗔地说“你真讨厌”时，那么，这就说明她从内心里在喜欢你，希望你“再来一次”；当男人对女人说“你好漂亮”，她会涨红着脸，叫他“快滚开”，其实她心里甜丝丝的，希望他再说一遍。

当男人和女友手挽手在街上看风景，看到一位的的确确十分漂亮的女郎时，女友问他：“她漂亮还是我漂亮?”他也许会说假话：“你漂亮。”此时尽管女友心里希望他这么说，但话到口里就变了调，必定会半真半假地骂他：“马屁精。”他若实事求是地回答：“她漂亮。”女友立刻就会眼泪汪汪。聪明的男人最好这样说：“都漂亮，你的眼睛还比她长得更好看一些。”这时，女友就会破涕为笑，把他的手挽得更紧。女人的逻辑是“口是心非”的逻辑，女人的逻辑就是“没有逻辑”。

女人的这种“口是心非”，培养男人说“假话”，逼使男人彻底“坏”透顶的矛盾逻辑，恰恰使许多各方面都很优秀的男人感到左右为难，不知女人葫芦里卖的什么药。他们之所以找不到老婆，原因就是没有读懂女人的逻辑，言谈举止缺少幽默和女人所骂的那种“坏”。

真心读懂女人的逻辑却并不容易，女人的逻辑是令人销魂而又深藏无穷奥秘的逻辑，里面写满了聪慧、善良、美丽、温柔，太正经、太深沉、太死板的“好”男人往往读不懂它，只有会哄、会逗、会宠、会疼、会察言观色的“坏”男人才能读懂它。

女人最吃男人哪一套

1. 鲜花攻势

虽然十分老套，但鲜花依然是经典且历久不衰的武器。某著名影星在一次拍广告时，有一位神秘男子一下子献上了3600朵玫瑰，令她大为感动："看了这么多玫瑰，真令我一时头昏得有结婚的冲动。"可见，鲜花仍是女人很难抗拒的武器。女人鲜有被花海包围而不感动的。

2. 意外惊喜

出其不意地制造惊喜，自然也是女人难以招架的奇招。

3年前，担任导游的林丽丽和年长她15岁的男友相识才3个月，一天，她去广州开会，刚住进宾馆，即见到房中有一大束她最喜欢的香水百合和一张男友发来的传真。刚看完传真，男友的电话紧接而至，两人情意绵绵聊了两个小时以后，她不好意思地说："很晚了，而且长途电话费又贵，我们改天再聊吧。"男友一句"可是，我现在就想见你"让丽丽的心不融化都不行。3分钟后，男友已经站在门外，她既惊且喜。原来他搭了另外一班飞机跟随她到了广州，而且比她还早到饭店。她的心中本来对彼此的年龄相差过大有些疑虑，但自此已全面“缴械”。

3. 甜言蜜语

一名纵横商场的女强人结婚了，丈夫是她的一个普通客户。原来她有一次开完会，将一袋资料遗落在对方的办公室里，她打电话向那位风度翩翩的市场经理询问：“请问我是不是有什么东西丢在你的办公室了？”对方心诚语柔地说：“有啊！你的倩影。”阅人无数、见多识广的她，对这句话永生难忘。事实上，一个男人要让一个女人爱上自己并不难，只要在适当的时机用对了方法，刹那间就能擦出爱的火花。

4. 柔情蜜意

大多数丈夫因公事要加班时，总是不忘给家里打个电话，温柔嘱咐一番。有一位在一家很有知名度的快餐厅工作的女经理，夫妻双方都是事业型的大忙人，有时一个星期也见不了一次面，但是她的丈夫无论多忙，都会每天打一个电话给她，柔情蜜意不减当年。当这位女经理谈起她的丈夫时，脸上总是洋溢着幸福，使她更加光彩照人，这才是真正的事业型的男人。所以，事业型的男人们，当你们的事业与家庭发生了冲突，千万静心想一想，是不是自己的“程序”出了问题。

是女人就有的8个缺点

男人通常不理解为什么不同类型的女人会有那么多相似的地方，其实男人想要了解女人普遍的心理，最好先从女人共有的8种缺点入手。跨过这些思想障碍，男人会更好地了解身边的女人，而不会不知所措地避开她们。

1. 购物时喜欢放任自流

男人好像天生就排斥购物，而女人却把购物看成一种享受，有些女人在购物时往往很难把持住自己，所以就给男人留下“放任自流”的印象。这是因为很多女人都有一种叫作“购物癖”的心理，也可以称之为一种疾病，主要症状为：不管有用没用，尽收囊中，甚至有没有钱都阻碍不了购物的脚步。

2. 凡事不禁诱惑，耳根子软

经常能听到这样一种声音：女人的钱最好赚。这是因为女人的内心承受不住诱惑，并且很容易受影响。譬如在商场内，很容易受到推销员的蛊惑；单位同事一说某某基金能赚钱，她们往往就有购买欲望；保险推销员如果采用动之以情、晓之以理的说服政策，女人也很可能会受到影响。

总之，女人的心理就是比较容易受影响，一旦别人说好，自己便觉得也不错。这是男人与女人的心理差别之一，男人通常是赚钱、攒钱和投资，而女人耳根子软，自然就攒不下钱。

3. 缺少长期计划，目光短浅

有人这样形容女人："头发长见识短。"其实，仔细剖析女人的行为就会发现这句话有些道理。女人虽然可以将头发越剪越短，让存折上的钱越变越多，但是依然不会轻易尝试去买股票、基金等投资行为，固守是她们最常见的选择。

当然，要是将一件漂亮的衣服和一本投资理财书同时放在女人面前，估计绝大多数女人会先看漂亮的衣服。

4. 喜欢贪小便宜

女人"贪小便宜"的心理比较严重，尽管经常会听说"贪小便宜吃大亏"，但很多女人还是打着省钱的旗号去购物，尤其是商场打折对于女人来讲更是有着致命的吸引力。男人对此不必大惊小怪，不妨提一些采购意见，让女人多一些心理满足。

5. 这山望着那山高

> 蒙蒙自己经营着一家服装店，与同龄人相比，既有车又有房，而且父母也十分健康，男友的事业也小有成就，但是在她看来生活并不十分如意。与读研究生的同

学比，她不明白，为什么自己那么努力还是没考上研究生？与其他同伴相比，她觉得男友不够爱她，要不为什么迟迟不娶她……

女人什么事情都喜欢与别人攀比，一旦发现自己不如别人就会心生不满，甚至怨气连天，进而就会演化成嫉妒心理。对此，男人应该多一些宽容，少一些指责。

6. 强装“大女人”

自从社会号召男女平等后，女人似乎从心理上就把自己与男人摆在同一位置上，即使谈恋爱时也不会“小鸟依人”，加上一浪高过一浪的“女强人”出现，使得女人在心理上得到极大的满足。

于是就争相效仿，无论和谁一起吃饭都得自己买单，遇到困难时也不会接受帮助，即使男友送自己礼物，也得回一个同值或者更贵的礼物，这就是现代女人的心理。

其实，这是女人的普遍心理，男人应适当地让她明白这是女人生活的大忌，其实女人就是女人，没有必要非得让“大女人”的心态控制着自己，给物质和精神生活造成负面影响。

7. 交际面小

苏雪大学毕业以后，就直接与男友结婚了，因为男友家境殷实，再加上其收入也比较丰厚，足够两人的生活，苏雪自然就加入全职太太的行列。她眼中只有丈夫、孩子，与多年的老朋友失去了联系，即使身边的同学也被忽视，久而久之，连说心里话的人都没有，为了打理家务而失去了自己全部的时间。

和苏雪有相同经历的人不少，她们无论是眼睛还是心里，都只有自己的男人，似乎男人就是自己的全部，她们因此失去了身边快乐源泉的制造者——朋友。男人应该适时地提醒妻子多参加社交活动，让妻子得到快乐。

8. 提前消费的“卡奴”

研究女人消费心理就会发现，她们就像歌里唱的那样，“喜刷刷”，只要喜欢就刷卡。

信用卡对于某些女人而言，无异于一个陷阱，原本是为了合理利用资金增强自己的购买力，到最后竟成为“寅吃卯粮”的局面。男人在此应该帮女人把握一个度，当然，不能太明显，应该照顾女人的面子。

♂ 女人共同的特性 ♀

容易冲动消费
全场5折
大减价
经不起诱惑，耳根子软
我们的蛋糕口感顺滑香甜，还用了不会发胖的低脂奶油，您不给老公孩子买一个吗？
听起来不错，那就来一个吧。
对价格比较敏感
你怎么又买了这么多衣服啊？
这些衣服都在清仓打折，一时没忍住就买多了。
较为争强好胜
听说你老公最近升职了。
就升了个副经理，小王她老公年纪轻轻的就是大区经理了，真是让人不平衡。

第四章

与异性交往时男人最可能犯的错误

想爱却不敢说出口

江东和梁英在中学时便是同学。梁英很漂亮，白白的皮肤，大大的眼睛。江东也很潇洒，有着宽宽的肩膀，棱角分明的脸庞。不过，年少羞涩的他们却从没说过一句话。每当他们相遇时，都匆匆地看对方一眼，然后若无其事地擦肩而过。有一次，当他偷偷地向她望去时，发现了她瞬间躲避的目光和微红的脸，他的心被轻轻撞了一下。

高中毕业，他和她报考了同一所大学。

江东曾几次鼓起勇气想对她说出心中的感觉，但他始终没有做，而是把他们每次相遇时的细节和激动的心情都写在日记里。大学四年，他们就这样一直保持着似曾相识却又陌生的距离。

毕业后，他们各自走向自己的工作岗位，再也没有遇见过。六年过去了，江东在家里人的催促下结婚了。因为心里埋藏着初恋，日子虽然过得也还算好，但总觉得生活中少了些什么。

在一次高中同学的聚会上，江东与梁英重逢了。聚会在热烈的气氛中进行着，同学把酒言欢，不知不觉都喝得有点多了。就在那一夜，江东终于对梁英表白了，而让他没想到的是，其实这么多年，梁英也一直在深爱着他。

生活中常会发生这样的情况：一个男孩和一个女孩相互默默地喜欢着对方。他们从路上的偶遇，到每天的相伴，最后是相约。男孩始终没有说出“我爱你”这三个字，他以为时间还长着呢。可是有一天，半路杀出一个勇敢的男孩，他对女孩说：我爱你。于是，每天伴在女孩身边的，就换成了那个勇敢的男孩。男孩很失落，但只能看着他们的背影暗自神伤。

幸福其实把握在自己的手中，但生活中有许多男孩，虽然明知道爱情来了，却因为有这样或那样的顾虑，而在感情上过于自我保护，从而错失了许多良机。仔细分析一下，男孩想爱却不敢说出口的原因，大致有以下几点：

首先是过分羞涩。人们都说女孩子羞涩，其实男孩的羞涩并不亚于女孩。生活中经常看到女孩落落大方，而男孩涨红了脸的情况。男孩的羞涩心理妨碍了爱情的步伐，给女孩造成了被拒绝的假象。

其次是过分自卑。有些男孩因为自身条件的制约，例如个子不够高，长相不够英俊等，在心爱的人面前常常感到极度自卑，因此不敢把“爱”字说出口。其实，相对于外形条件而言，女孩更为青睐男孩的勇敢与智慧。

最后是过分自尊。有些男孩自尊心极强，即使深爱着某一个女孩，也因为担心被拒绝而不敢把爱说出口。

爱与被爱是一种很美妙的感觉，没有爱情的人生是不完美的。作为男孩，更应该主动去追求和享受爱。

有这样一个故事：

一场突如其来的大地震摧毁了很多建筑，也把一对男女隔绝在一个角落。他们共同处在死亡的威胁中。女人有些绝望了，她对男人说："看来我们是出不去了。在死之前我要告诉你一个秘密。"男人问："什么秘密？"女人哽咽着："你知道吗？我一直爱着你！"男人愣住了："你说什么？你一直爱着我？"女人说："对，两年多了，我一直爱着你。"男人的眼圈红了："那你怎么不早说？我也一直在爱着你！"女人也愣住了："你也一直爱着我？那你为什么不告诉我？"男人说："你的条件比我要好很多，我哪敢向你求爱。"女人说："我不敢向你表白，是因为我不漂亮，我觉得自己配不上你。"男人问："如果我们今天不被困在这里，你会告诉我你爱我吗？"女人说："不会，我只会默默地等待。"女人又问男人："如果我不说出来，你会告诉我你爱我吗？"男人同样地说："不会，我也只会默默地等待。"后来，他们都被救了出来。再后来，他们举行了婚礼。

爱情不可以等待。爱了就应该大胆表白。宁可让爱的梦幻在表白中破碎，也不要让爱在等待中化为泡影。

这世界上最遥远的距离不是天涯海角，也不是生与死，而是停留在我曾爱过你，却没敢告诉你。在可以言爱的时候就大胆地告诉对方吧，别让自己错过了一生的最爱。

求爱不成的疯狂

22 岁的男大学生李刚爱上了同班女生小谭。他多次向小谭表示好感，都被拒绝了。李刚并不就此罢休。一天晚上，李刚揣着事先准备好的菜刀，在教学楼内找到小谭。当求爱再次遭到拒绝后，竟拿出菜刀顶住她的脖子相威胁。

接到报案的民警迅速赶到现场，及时制止了李刚的疯狂行为。因涉嫌犯罪，李刚被刑事拘留。

虽然在人们心目中，似乎女人比男人更“痴情”，但实际上男人更容易成为“单相思”的主动一方，我们常可在网上或报纸上看到这样的事情：一位 20 来岁的小伙子手捧 100 多枝鲜艳玫瑰，在门外足足站了 3 个多小时，为的只是与暗恋已久的女孩见一面。

然而，感情毕竟不是一厢情愿的事。何况，感情是复杂、微妙的，它的建立不可能像泡方便面那么快。于是，一些怀着对感情的急切渴望的男人，很容易陷入“单相思”的苦恼，从而导致一系列的伤害。

一般来说，“单相思”并不会对社会造成严重危害。统计显示，由于“单相思”导致的暴力少之又少。有些“单相思”还可能在无意中促成了失恋一方的成才。如拜伦、济慈、莱蒙托夫、瓦特、契诃夫、莫泊桑等人在年轻时都曾有过“单相思”的经历，而正是失恋后的悲伤、沮丧和绝望，促成了他们发愤图强，最终成了名人。

问题是有些人陷入单相思后会沉湎于幻想，却又不善于自我控制，甚至会出现变态心理，患上“钟情妄想”的精神疾病。“钟情妄想”是精神障碍的一种，其症状表现为：病人自认为某人已经爱上自己了，这个人可以是病人的同学、同事，也可以是不熟悉的人，有的甚至是完全不存在的人。病人一旦自认为某人爱上自己之后，便会从某人的一举一动中推测或判断对方对自己的爱意。虽然亲人和朋友一再证实：某人没有和他谈恋爱的意思，病人却认为大家是在有意阻挠这桩美事，甚至认为有人在故意迫害自己……

“单相思者”总是一厢情愿，全然不顾对方的感受，这虽然不能算是犯了什么大罪，但一旦“单相思者”不能正确疏导自己的情感，表现出一些非理性的极端行为（男性更容易以进攻性手段来表现），就容易给被“单相思”的一方带来伤害，也会令自己陷入万劫不复的苦恼。

一旦陷入“单相思”的苦海中，就应设法转移自己的注意力，寻找新的情感依托，以此淡化“单相思”的痛苦。如参加一些集体活动等，设法将自己从爱的沉溺中摆脱出来。

如果“单相思者”出现某些精神障碍，应立即到医院精神科进行治疗，及时、正确的治疗会取得满意的疗效。

用错误的方式拒绝

江伟是某厂的技术骨干，他英俊潇洒，聪明有才干，深深地吸引着姑娘们的心。一天，厂里的一名女孩大胆地向他表白爱慕之心，并写了一封火辣辣的情书。他并不喜欢这个女孩，甚至有些反感。对于女孩的表白，他生硬地拒绝了，并且在办公室把姑娘写给他的那封情书公之于众。

受此羞辱的姑娘伤心欲绝，回家后便服毒自杀，幸亏抢救及时，才免于一死。江伟这时才懊悔不已。单位领导知道此事后，严肃地批评了他："你有拒绝的权利，但没有侮辱求爱者的权利。对于求爱者，你可以不喜欢、不爱慕，但不能肆意挖苦、讽刺、嘲笑、辱骂人家，这也是恋爱道德。"

歌德曾有一句名言："哪个青年男子不善钟情，哪个妙龄女郎不善怀春？"人值青春年华，总要恋爱、觅偶，这是人之常情。在男女双方恋爱开始之前，总有一个追求与被追求的问题，不是对方向自己求爱，就是自己向对方求爱，总有一方先发出求爱的信息。

求爱是打开爱情大门，通往幸福玫瑰园的第一步。每个未婚青年都有权利向自己所爱慕的人求爱，同时自己也有被追求、被求爱的可能。

在求爱者的队伍中，既有自己喜欢的人，也会有自己不喜欢的人，甚至是讨厌的人。当自己不爱的人前来求爱时，当然可以拒绝对方的求爱，那是你个人的自由，别人应该尊重你的选择，任何人（包括痛苦的求爱者）都无可指责、干涉。同时，求爱是青年人正当的爱的权利，并不是什么见不得人的行为，因此，作为被追求者，你没有权利辱骂求爱者，更不可以侮辱求爱者的人格。

对待自己不爱的人，当然不能哄骗，不能违心地接受对方的求爱，应该明确地拒绝，让对方了解你的态度。拒绝对方时应真诚、友善、婉转，使对方容易接受，任何挖苦、辱骂都是对求爱者的损害和侮辱，都是极不道德的。比较好的方法是，不论自己如何讨厌对方，一旦对方向你求爱，都要很有礼貌地先说声“谢谢”，然后再婉转地拒绝对方。

拒绝他人对自己的求爱，还要注意为对方保密，不向他人扩散。当年，著名数学家陈景润拒绝了众多的姑娘求爱后，将她们的求爱情书全都烧毁，他说：“这些姑娘以后还要恋爱、结婚，我一定为她们保密，扩散出去会对她们有影响。”

侮辱求爱者是一种不讲恋爱道德的表现，不论对人对己都没有好处。有的求爱者受到嘲弄、侮辱后会恼羞成怒，进行报复；也有的因求爱者被侮辱，其他人也以此为戒，不敢再向他抛出求爱的彩球，这势必要妨碍他选择佳偶。

如果干了蠢事，侮辱了自己不爱的求爱者，应主动向对方赔礼道歉，承认错误，求得对方的谅解。如果本人不愿出面，也可以通过书信进行认真的、诚挚的检讨，不能让被自己伤害的那颗心继续流血，而要用真心诚意去温暖、去治愈他们。

求爱是求爱者美好感情的流露，是人世间一种美的行为。因此，作为求爱对象，应理解求爱者的心意，尊重对方的感情。虽然你不喜欢对方，甚至有可能讨厌对方，可对方仍是把你当作自己的维纳斯来爱慕，视作理想佳偶来追求的。这是对自己的信任、尊重和热爱，并非恶意。自己要尊重求爱者这种美好情意，以礼相待，以诚相待。

因为自卑不敢去爱

吴叶是一家公司的销售员，高中毕业时没考上大学，只能在公司里当销售员。他眼看着别人步步高升、频频跳槽，心里很不是滋味。

由于事业上不能取得大的成就，加上自己个子长得不高，体魄也不够强壮，他至今还没有女朋友。曾经有人为他介绍过几个对象，都因为自己条件不够优越而告吹。他很自卑，甚至悲观到对恋爱、婚姻已失去了信心："像我这样的人，恐怕一辈子都不可能有女朋友了。"

后来，在工作中，吴叶认识了一个来自上海的女孩小英。两人经常在一起聊天，很开心。吴叶感到自己的条件很差，总觉得配不上这位"上海小姐"，一直没有勇气表露自己的爱意。

为了能在事业上有所作为，吴叶离开了原来的公司，借钱开了一家餐馆。由于经营得法，吴叶的生意做得很红火，两年后在全市开了五家连锁店。这时，吴叶认为自己事业上有了一定成绩，各方面条件都有所改善，于是向小英发出了求爱信。结果等到的是一本厚厚的日记本和一张薄薄的信纸。日记本记载了小英三年来苦苦等待的心迹，而信纸上只有一行字：我已经结婚了。

自卑是恋爱中男女双方都可能产生的一种心理。心理学家认为，自卑是由于自感不如别人而产生的一种情绪体验。有自卑心理的人往往处事、交往、学习、工作等方面都从“低人一等”这一角度出发，缺乏自信。

自卑心理往往会夸大自己的各项“缺陷”，如认为自己在生理上有某些缺陷，大至身有残疾，小到单眼皮、低鼻梁，甚至身高、体重都可以成为自卑的理由；或认为自己外在条件有缺陷，诸如职业类型、家庭条件、住房环境、工资收入、经济状况等；或认为自身境况不理想，如学历不高、籍贯不称心、户口在外地、性格太内向……甚至有人把父母没文化、兄弟姐妹多等都视为自身的“缺陷”。应当看到，有些缺陷是客观存在的，有些则是捕风捉影、无中生有，有的并非是缺陷，只是由于社会偏见造成。

因为自卑而不能实事求是、恰如其分地评价自己和他人，常常是“长他人志气，灭自己威风”，对追求的对象总是“仰视”，认为其全是优点、长处，连一个哈欠也是优美的“咏叹调”；而对自己总是“俯视”，认为自己事事不如人。其实，人生中有很多事情是相当无奈的，大可不必因此打击自己的信心。例如，一直没有人爱你并不代表你条件不好，只是那个与你志同道合的人还没有在恰当的场合出现而已。

如果有了自卑心理，在遇到心仪的异性时，就会不敢表白自己的心迹，长期徘徊在爱河的岸边。即使已经与异性建立恋爱关系，也不敢理直气壮地与爱侣平等相处。这样，理想的爱情便会姗姗来迟或者失之交臂，已经获得的爱也会得而复失，风去云散。那么，如何消除自己的自卑心理呢？

（1）正视自己的优缺点。“尺有所短，寸有所长”，每个人都有自己的长处、短处。你不妨把自己的长处和短处详细列出来，特别是自己的优点，一条不漏地展示出来，以赞赏的眼光看它们，这样就可以消除自卑、树立自信。同时，对自己的缺陷要进行恰当的分析与归纳。对于那些可以改变的缺陷要努力改变，对于那些通过努力也无法改变的先天不足，应当坦然接受并建立代偿机制，发挥其他方面的特长，以求弥补。

（2）对自己的恋爱能力要充满信心。恋人之间对对方魅力的感受本身具有一定的主观偏爱成分，只要你某些方面征服了对方，是完全可以获得对方爱慕的。

（3）发现并选择适合你自己的社交场合。积极参加你所喜爱的社交活动，使这些活动成为结交异性朋友的途径。

（4）轻松地与异性建立联系，自然地提出进一步交往的要求，如果确定不合适的话，优雅地退出。

害怕失去自由而拒绝婚姻

赵鹏和女友已经相恋 5 年了，两人的感情一直很好。女友给了赵鹏结婚的暗示，甚至双方父母也已经见过面。然而在这种万事俱备、只欠东风的情况下，赵鹏却迟迟不肯开口做出婚姻的承诺。

"我不是玩弄感情，也不是不愿对感情负责。"在与朋友聊天时，赵鹏这样说。事实上，赵鹏对女友一直很忠诚。"只是，我向往自由自在的生活，我一想到结婚就感到害怕，甚至整夜整夜地睡不着觉。"赵鹏这样解释自己迟迟不肯结婚的原因。而从赵鹏萎靡的精神状况来看，他的确是在为结婚这一人生大事而困扰。

"恐婚症"似乎正在现代男女中蔓延。著名影星朱莉亚·罗伯茨主演了一部名为《落跑新娘》的电影，可现实中，不只有"逃婚新娘"，"逃婚新郎"也不少。对婚姻的恐惧使得一些人徘徊在婚姻之外，迟迟不敢进入。

很多男人恐婚是因为害怕失去自由。他们怕被老婆孩子套牢，怕婚姻毁了现有的快乐。他们认为谈恋爱的感觉很好很轻松，他们对婚姻持观望态度，不肯把幸福的赌注压在未来的配偶身上。

“放大”了生活的压力也是男性患上“恐婚症”的重要“病源”。他们对自己能不能承担起家庭重担持怀疑态度。他们在考虑过婚后的经济责任、家务负担、爱人的忠诚等因素之后，对婚姻显得诚惶诚恐。正因如此，很多男人宁肯采取其他方式和女朋友在一起，也绝不谈婚论嫁。

在男人心目中，婚后自己就是一家之主，要承担一家人的生活，而且他有责任让家人过上好生活。正因为如此，面对结婚这一人生的重要转变，以及未来生活中来自金钱的压力，他会有意无意地不断地给自己施压。而在筹办婚礼的过程中，眼看着钱花得像流水一样，他们就会对未来产生恐惧。这种心理障碍，表现出来的通常就是性情的改变，进而影响到生理机能，有些还会出现失眠等症状。

独生子女的父母们也是婚姻恐惧症的“催生剂”。在父母的“羽翼”下，独生子女一直以来都是心安理得地接受别人的关怀，却不愿意照顾别人和承担相应的责任。当他们想到建立一个家庭需要夫妻共同承担责任和义务，还要处理好与另一方家人的关系时，就会产生一种焦虑和紧张的情绪。这种社会氛围使他们感到一种无形的压力。对婚后生活的过多考虑在面临婚姻时的表现形式就是对结婚的恐惧和逃避，很多人因此推迟结婚，甚至宁愿独身也不愿意“受罪”。

是否选择婚姻是一个人的自由，只是要提醒那些徘徊在婚姻外的人，你不愿放弃单身的自由自在、无拘无束，当然也享受不到婚姻带来的种种好处。况且，只要用心经营，婚姻不一定就是爱情的坟墓。例如，害怕一成不变，你可以变着法让婚姻生活多些情趣；你想离家远行，爱人陪在你身边可以消除旅途的孤独和疲劳……成熟而理智地看待婚姻，更有利于你做出正确的选择。

为避免婚后的经济压力过大，你可以与未婚妻好好沟通，给两人的婚礼和将来的生活一个准确的定位，量入为出。

可以寻求未婚妻和家人的帮助，及时予以心理疏导。并参加婚前培训，学习各种生活技巧、如何解决冲突、如何预防一方控制另一方的自由等。这有利于你成熟而理智地看待问题。

♂ 爱要大声说出口 ♀

没想到我们都大学毕业这么多年了，时间过得太快了。
既然你现在结婚了，我就可以放心大胆地告诉你了，我读书的时候一直都暗恋你。
那当时你为什么不告诉我？
我那时觉得自己条件不够好，你肯定不会喜欢我的。
可我当年最喜欢的就是你，我还以为你不跟我表白是因为不喜欢我，我也就慢慢死心了。
没想到我们就这么生生错过了几十年，早知道我就勇敢点了。

第五章

与异性交往时女人最可能犯的错误

说话不经大脑

即使你说话不怎么幽默，反应又不快，但是至少你可以做到三思而后语，一切都是为了避免伤及形象，以及不小心刺痛男人心。

你可能会问："那我怎么知道什么话可以讲，什么话不该讲呢？"

好问题！ 最能避免踩到雷区的原则有两个：

1. 不要急着接话

有时候，女孩因为太善良，想增加一些相处时的融洽，所以会在他开了一个玩笑后，补上一句自以为"更厉害"的玩笑话，想炒热气氛，结果却把场子一下子搞冷了。

因为，在求快心切的状态下，你很可能讲了太过低级的话或是不应该由女孩子说出口的话，这些都会危及你的形象，而且给人造成一种"对这个女孩子不用太尊重"的印象。

这样一来，你在男人眼中，就不再保有居高临下的优势地位，甚至会沦落为别人填充寂寞的替代品或是开玩笑的对象。这样的演变与你原先的设想都不一样，你一定会感到心痛和困惑。

你百思不得其解，其实原因就出在说话时的表达方式不对。那你可能更加疑惑地喊着："这样我什么都不敢讲了！"

那就不要讲啊！只要笑就好。女孩的笑脸，无论如何都是男人爱看的，也是永远不会犯错的开心语言。

2. 不要说过分的话

连他妈妈都没骂过他的话，就轮不到你来骂。

即使你是求好心切，即使你是真心地为他好，希望他更成熟、更进步，因为你眼中的他应该不只是这样而已，你也不能说出口。

因为，在男人的心里，最重要的还是自尊心。

为了保全自尊心，他可能选择不要继续爱你；为了维护自尊心，他可能选择与你抗争到底……这些都是正常现象。

当男人失意时，他或许比任何人都明白自己错在哪里，这时候，他需要的就是你的温柔安慰，而不是你企图激励他的言语或是在电视剧里常看见的那打醒他的一巴掌。

如果你喜欢的人或暗恋的人正在失意中，什么都别对他说，就拿一瓶气泡饮料给他，顺便送上你关怀的微笑吧！

相信一切尽在不言中，爱意已悄然在他心底滋生。

过分放大爱情的力量

在酒吧第一次见到阿军的时候，丽雅只觉得呼吸都紧张了起来。阿军真的很帅，而且出手很阔绰，在酒吧里似乎也认识很多人，显得八面威风。更让丽雅没想到的是，她发现阿军在偷偷看她，还请她喝了一杯红酒，借着这杯酒，两人聊起来了，并且越聊越觉得开心。之后两人互留了电话号码，再接下来，一切顺理成章地，阿军和丽雅谈起了恋爱。在阿军强烈的攻势下，丽雅在和他认识不到两个星期之后便住到了一起。

同居了一段时间后，两人便开始筹备结婚的事。但这时，丽雅从别的朋友那里知道了阿军的一些事。阿军是一个毒贩，经常在酒吧贩卖摇头丸、海洛因什么的，他自己也有过吸毒的经历。

知道了这些后，丽雅有些害怕，她想分手，可是阿军不愿意，求她不要离开他。在得到阿军对她做出以后一定改邪归正的保证后，丽雅心软了，又回到了阿军身边。

朋友们都劝丽雅离阿军远些，丽雅的父母都不同意这门婚事。一时间周围都是反对的声音，可丽雅反而更加坚定了要嫁给阿军的想法。她非常自信，既然阿军这么爱自己，自己一定有能力改造好他。

“爱情的力量是伟大的，他这么爱我，肯定会为我改变的。”丽雅这么对朋友们说，大家也无可奈何。

婚礼如期举行。婚后，阿军也确实收敛了好多，经常在家帮着做些家务，和那些毒友的联系似乎少了很多。看到阿军的变化，丽雅感到很开心，觉得自己没有看错人。

结婚三个月后的一天，丽雅发现阿军躲在厕所偷偷地吸毒。丽雅很生气，可是阿军告诉她说，他平时也就抽两口玩玩，一点儿瘾都没有。丽雅又一次轻信了阿军的话。

一天晚上，阿军回来之后对丽雅说，想让她帮他一个忙。阿军说他的朋友托他在这里买了一台笔记本电脑，朋友明天下午就要走，所以让阿军快点把电脑送过去，但是阿军明天正好事特别多。丽雅认为帮老公做事是理所当然的，没有细想就答应了。

第二天，丽雅在一个很偏僻的小巷见到了阿军的朋友。在她把包递给阿军朋友的时候，有几个警察冲了过来，将他们两个都铐住了。接着，警察打开包，从包的底层搜出了大量海洛因。一看到是面前这种情景，丽雅一下子晕了过去。

陷入爱情中的人总是盲目且自大的，总认为自己可以改变对方的这个缺点、那个问题，但往往是搬起石头砸了自己的脚。例如，人们都知道要把人品当作择偶的一项重要标准，可是怪就怪在有些人还是选择了与心术不正的人生活在一起，其原因不是甘于牺牲，而是他们认为自己有能力帮助爱人改邪归正。在他们看来，爱情的力量是伟大的，只要有爱，就没有什么不可以改变的。可是结果往往是白费功夫，甚至把自己也拖进了万劫不复的深渊。

恋爱中的人总是过分地夸大爱情的力量，认为只要自己付出真爱，就一定能换得真心，所以明明知道前面是个火坑，还要固执己见地往下跳。真心换真爱本身没什么错，关键是她们没有看清楚自己感情投放的对象是些什么人。爱情的力量是伟大的，这话没错，可是爱情的力量也不是无所不能的。俗话说，“江山易改，本性难移”，要想改变一个人，绝大多数情况是白费功夫。

有些人也许在一开始就模糊了是非黑白的概念，很多事情我们觉得耻辱，他们觉得光荣。例如，我们认为嫖娼是犯法的，可是他们可能会认为这是一种正常的生理需要；我们认为诈骗别人是犯法的，可是他们会认为这是因为那些被骗的人太笨了，所以才会上当……想想看，要改变他们，谈何容易。

何况，这个世界上可以结婚的对象那么多，为什么不在一开始就选择一个与自己价值观相吻合的人呢？为什么一定要由自己来扮演那个拯救者的角色呢？

从日常小事中观察对方的人品，比如是否守时，是否能够做到言出必行，是否肯承担自己的过错，是否积极为家庭着想……如果得到的结论是对方的人品有问题，应提前将他从候选名单中划掉。

从一个极端到另一个极端

小蓉是一个很爱浪漫的女孩，曾经爱上一个很讨人喜欢的男孩，他长得帅气，更重要的是，很会制造浪漫。他有时会悄悄地在小蓉的抽屉里放上一罐装满星星的美丽瓶子，有时会变戏法似的拿出一大束玫瑰。可是，这个男孩是个风流坯子，身边总是有各种各样的女孩，这让小蓉痛苦不已。交往一段时间后，小蓉毅然和男孩分手了，从痛苦中解脱出来。

受够了前男友风流的痛苦，小蓉想要一份朴实的爱，便拒绝了一些懂浪漫的男孩的追求，反而找了一个老实得近乎木讷的男孩，并且很快就结婚了。但婚后的日子让小蓉更加痛苦，老公的这种朴实近乎麻木，他从来不会说甜言蜜语，也不懂打情骂俏。对于小蓉精心布置的浪漫，他也视而不见。这种日子像一潭死水，让小蓉窒息得想发疯。

一般来说，女人在受够了男人风流的气后，都巴望着能找一个老实巴交的男人。然而，太老实巴交的男人，也不一定就合你的“胃口”。你同他上街，他一本正经、目不斜视，可是你有没有想过，他连满大街那么性感、漂亮的女孩都不看一眼，你还指望他会多看你一眼吗？

一些人眼高手低，每天在做着白马王子和白雪公主的梦，直至残酷的现实把梦想击得粉碎；另一些人则降格以求，以为这样可以换来婚姻的安全，可往往也是事与愿违。

例如，一些男人对追求漂亮女人没有自信，想当然地以为女人丑一点会更温柔，可娶回家后才发现，丑女人的心灵早已由于多年的被歧视而扭曲得不成人样了，反倒是一些漂亮女孩多年备受众人关爱，心态平和许多。

同样，一些女人为婚姻安全考虑，降低身份，下嫁给一个条件不如自己的男人，满以为男人会感恩戴德，待自己如公主，可谁想，嫁的这个男人不知好歹，根本就不在乎你的感受。如果你对他的行为有一点点的不满，他会大声地讽刺你："我就是这样的人，你当初难道没看出来吗？"声音里满是不屑，一脸的满不在乎。只逼得你后悔莫及：我当初怎么会找上他呢？

其实，爱情是个很纯粹的东西，最重要的是自己内心的感觉，要能听到自己怦然心动的声音，而不是人为地设定许多条条框框。

女人最重要的是，找一个适合自己的男人，互相疼爱着，然后一起慢慢变老。他不一定要很有钱，也不一定要很有权，但一定要懂得欣赏你、疼爱你，而且，在你的眼里，他一定是一个有魅力的男人。

婚姻是否稳定，一个男人会不会全心全意地爱着你，最关键的是你们是否有真爱，你们是否合适。女人在受过伤害后，择偶观念从一个极端走到另一个极端，这实在是一种不成熟的表现。而一个人在心智不成熟的情况下去寻找另一半，往往不是错过真爱，就是在婚恋中受伤。

对待爱情的态度要慎重，切忌在受到伤害后从一个极端走向另一个极端。

最重要的是要找到一个适合自己的！西门庆式的男人不能找，武大郎式的男人也不能找。

不喜欢他，却不早点拒绝

可可在酒楼里做服务员，她年轻又漂亮。与她同在酒楼里工作的一个叫顾家明的泊车员，感觉可可清纯可人又有主见，一直暗恋她。他经常和可可发短信，谈天说地。可可从不拒绝他，但也没接受他的表白——每当他要表白，都被可可机灵地挡回去了。顾家明以为可可默认了他的感情，于是常约她出去玩。

他们在外面的吃喝玩乐全由顾家明买单。有几次陪可可逛街，看到可可对着喜爱的衣物不想走，顾家明就大方地买下来送给了可可。

因为和可可谈“恋爱”，顾家明经常捉襟见肘，他的手机话费暴增，请可可出去玩或给她买东西，也占去了他收入的一大半，但他心甘情愿，觉得为了爱情，这点物质算什么。

半年后，可可认识了一个当地的公务员，很快便被对方的才气和家庭背景吸引住了，加上对方的鲜花攻势，便做了他的女朋友。不久后，两人的恋情公开。别人都羡慕可可找到了好依靠，可可自己也觉得很幸福。

当顾家明得知这一消息时，如被雷击了一般，跑去质问可可：“你不会就这样把我甩了吧？”

“甩你？我不明白你在说什么，我们一直是同事加好朋友呀！”

顾家明想了想，似乎确实如此，可可从来就没有承诺过他什么。可他还是很生气：“那你为什么不拒绝我？”

“我不明白我要拒绝你什么，我有答应过你什么吗？你自己约我玩，我们是同事，是朋友，难道和同事朋友出去吃点饭、玩一下就叫恋爱了吗？那我不是和所有的人都在恋爱啊？”“那我给你买的那些衣服和礼物呢？”顾家明有气无力地说。

“是我逼着你给我买的吗？你自己要陪我逛街，我看中的衣服，你自己要抢着付钱，我还觉得你有君子风度呢。现在这算怎么回事啊？小气鬼，我还给你好了。”说着就把那些衣服拿来，扔给了顾家明，还很不舒服地嚷着，“真不明白怎么会有这样自作多情的人，我从来就没喜欢过你，更没表现出一点喜欢你的意思，你干吗自以为是地认为我和你有关系啊？”

顾家明抱着一大堆女孩子的衣服，欲哭无泪。但他心有不甘，认为自己被可可玩弄了，于是威胁可可，如果不给自己一个说法，就要给她泼硫酸，让她毁容。

这时可可才意识到事情的严重性，向领导汇报。领导调查得知顾家明上班不专心，经常喝酒误事，于是将顾家明辞退了。

失去了工作的顾家明不肯罢休，他认为可可不仅欺骗了他的感情，而且还让他丢掉了工作。

他扬言报复可可。可可不得不辞了工作躲起来，她知道顾家明是个说得出做得到的人。她回老家后不久，她的公务员男朋友也跟她分手了。

经常有这样一些女孩，或是因为情感上处于空白期，或是没有更好的人选，对追求自己而自己又没有好感的男孩来者不拒。她们一方面暧昧地享受着别人付出的感情和物质好处，一方面又不给人明确的答复，让人误以为她默认了彼此的恋爱关系。

殊不知，这样做的结果是害人又害己。明知道对方喜欢自己的情况下，如果不喜欢对方，就应该表明态度。不要害怕拒绝会伤害对方，长痛不如短痛，及早说明比拖拖拉拉，闹到最后不可收拾对彼此的伤害要小得多。

也有一些女孩，明明不喜欢对方，可实在没有更好的选择，于是将就着自己去恋爱，再将就着自己去结婚，表面上看来好像没有辜负对方，实际上同样是一种变相的害人害己。

没有爱情的婚姻是不道德的，不爱他还要将就地嫁给他，是一种自私而不负责的行为，别眼睁睁地看着他用自己的感情束缚了自己。

不爱他，就不要招惹他；不喜欢他，就不要接受他。给不了他爱情，也不要给他痛苦，否则最终痛苦的是你自己。

当然，拒绝他可能是一件比较棘手的事。只要他爱你，你再委婉都会让他受伤。但选择适当的方式和场合，可以让他心里的难受减少一些，也可以避免以后的尴尬，甚至避免他因爱无法满足而对你产生怨恨的心理。

如果你不懂得拒绝，可以参考下面这些方法：

首先，男人都爱面子、好自尊，所以拒绝他，千万不要假他人之口或在人多的场合。 最好是在你们单独相处又没有熟人朋友的地方。

其次，不能表现出高高在上的模样，说他“癞蛤蟆想吃天鹅肉”。 那样会很伤他的自尊。 如果你这样做了，也许事后你很快就忘了，可他却会当成一生的伤害和耻辱，记在心里。

最后，在方式上有很多种。 比如，可以这样说：“我觉得跟你做朋友真好。 你是个很好的朋友，值得交！”如果他坚持表白他的爱，你就可以进一步说明：你现在还不想恋爱，或已有心仪的对象，他自然会明白你的意思。

也可以这样说：“认识这么长的时间，我一直当你是哥哥，谢谢你对我的关爱，真的很感动。 以后我未来的嫂子一定会幸福！”

面对他的表白，也可以这样说：“我这几天看见你都不好意思了，我想还是做普通朋友吧，你说呢？ 要不咱们连朋友也没办法做了。 我这个人很不会说话，也不知道这样说有没有伤着你，不过我想不会吧？ 毕竟咱们是这么久的朋友了。”一副把他的表白当成玩笑的样子。 他如果不是鸡肠小肚的人，也会理解你的意思，同时，他也不会感觉伤到了面子，会自己找台阶下，说自己之前的表白纯粹是一个玩笑。

总之，面对自己不爱的男孩，要及时而简单明了地表达自己的真实想法，告诉他友谊比爱情更能天长地久！

在不合适的时候撒娇

江红笃信“会撒娇的女人最幸福”这个道理。和男友小李在一起时，江红在说话时总爱把声音刻意弄得嗲嗲的，每次都把小李弄得神魂颠倒，对江红言听计从。

一次，小李的公司举办一个圣诞宴会，并且通知员工可以带女友参加。小李便邀请江红参加公司的宴会。宴席上，小李和同事们聊天。江红觉得自己有些受冷落，很不高兴，所以当小李给江红夹了一块鸡肉时，江红大叫一声：“讨厌……”换了平时，小李一定是会马上想办法哄她开心，但这次小李的脸色很不好看。

江红并没有就此罢休，还是旁若无人地对小李说：“我不吃这个！”表情盛气凌人，身子在凳子上扭来扭去的。小李脸色铁青，感觉自己在同事面前失了面子，与江红大吵了起来。两个人越吵越激烈，最后江红竟然被气哭了，跑出了餐厅，一个人打车回家了。公司的宴会也给搅和了，闹得大家很尴尬。

第二天，小李说要出差几天，江红信以为真，过了半个月了也不见小李的影子，连个电话也没有。江红着急了，到单位一问，才知道小李根本没有出差，而是在躲着自己。江红哭得如同泪人一样。

江红很郁闷，她说：“平时只要我一撒娇，小李就会乖乖就范，并且很开心的呀。可这次究竟是怎么啦?”

女人对付男人的武器，第一是眼泪，第二就是撒娇，两者都可以令男人举手投降。

漂亮的女人不一定制伏得了男人，但会撒娇的女人却是男人的克星。撒娇是女人的撒手锏，再坚强勇敢的男人在女人的娇声嗲气中都会手足无措，骨头酥软，把所有的英雄气概丢在脑后。很多女人一直在研究如何搞定男人，其实大可不必花费时间和精力。要搞定男人很容易，因为99%以上的男人都喜欢会撒娇的女人。虽然说男子汉大丈夫宁愿流血不流泪，但男人可以为女人“撒娇”而折腰。

会撒娇的女人总是特别有女人味，一举手一投足之间，总会让男人为之心动。如果一个女人在男人面前撒娇，抿着小嘴，跺着小脚，再加上一副梨花带雨的样子……心肠再硬的男人也会甘拜下风，撒娇是女人生命里最重要的一个法宝。

然而，撒娇也是一门艺术，而不只是将声线拉高八度，拖长尾音就可以。台湾名模林志玲应是撒娇的天才，虽然无关风月，但是她的声音、眼神与表情，没有一处不是在撒娇：“人家就是这样一个女子嘛。”没有一个男人不会在深谙撒娇的女子面前败下阵来。

撒娇是非常有学问的，不但有不同的技巧及方法，而且撒娇也要看情况，正如脾气不可以乱发，娇亦不可以乱撒。撒娇太少，男人会觉得女朋友没情趣；撒娇太多，又会令他渐渐麻木；在不适当的时候撒娇，更会令人反感，弄巧成拙。撒娇要注意以下几点：

1. 公开场合要收敛

撒娇本是恋人之间私底下的情趣，如果在众目睽睽下打情骂俏就有些肉麻了，甚至弄出些尴尬事来，更是大煞风景。有时候，男友会带你出席一些公事场合，例如周年晚会、饭局等，在这些地方所碰到的，主要是和男友有公事关系的人，例如上司、生意伙伴等。此时此刻，男人需要的是一个镇得住大场面的女友，而不是一个不懂事的女友。试想，当男人和上司谈话时，女伴突然走过来，抱住自己娇滴滴地说句话，相信没有一个男人会觉得这样撒娇是可爱，反而是可恶。所以记得在重大场合，撒娇只会令人觉得你不识大体，要撒娇就留待回到家中再撒吧。

2. 心情欠佳不打扰

当一个人心情不好时，脾气会比较暴躁，明明是一些简单的事，他也会有很大反应，普通一句话亦能牵动他的怒意。如果男朋友睡眠不足、精神欠佳或正专心思考重要的事情时，女人最好识趣一点，不要打扰他。

3. 收放自如最明智

正所谓物极必反，凡事不要做得太过，撒娇也一样。向男友撒娇，无非想他用行动或说话来重视自己，如果他已有所表示，那就应该见好就收。如果不知进退，一两次男友可能还能接受，但若太过分，只会认为你难服侍，久而久之，他便不会做出任何反应。所以最明智的撒娇，就是懂得收放自如，这样的撒娇才可得到最大回报。

以下是撒娇的几大经典招数：

（1）给他起个外号，要有创意，好玩，叫起来好听，不怕腻人。

（2）装软弱。即使你很坚强，也要显得柔弱无助。

（3）易笑。即使男友讲了一个不好听的笑话，也要笑出声来，这会让男人很有成就感。

（4）经常耍点小心眼，吵架时不讲理。这一招要用得收放自如，不可用得过多。生气之后，及时化阴为晴，然后往“败将”嘴里塞一个棒棒糖，以示慰问。

（5）打闹。捏他、捶他、拧他、用手指头点他。这些女性化动作，不妨有选择地用。

（6）赖在他怀里。比如在电影院里、在郊外小路上、在空旷广场边……这是一种很温暖的接近，也是温柔的信任。

把自己浸泡在醋缸里

一段时间以来，刘青发现男友阿蒙来找自己的次数明显减少了很多，即使在周末也会编造一些站不住脚的理由拒绝和自己外出。这时，有一位朋友对刘青说，她曾看到阿蒙和一个漂亮、瘦小的女孩出双入对。本来非常信任男友的刘青开始琢磨起来。

这个周末，刘青精心安排了一场浪漫的约会，可阿蒙又一次拒绝了她。想想这段时间阿蒙的表现，刘青越想越不对劲，给阿蒙单位打了个电话，没人接；拨了手机号码，关机；拨通了阿蒙宿舍的电话，电话通了，可接电话的人竟然是个女的！刘青只感到天旋地转，血往头上冲，她跳起来就往男友宿舍跑。推开男友宿舍，她看到了令她吃惊的场景：一个年轻、漂亮、有点憔悴的女孩半躺在阿蒙的被子里，显然刚哭过；阿蒙坐在床边的椅子里，满脸悲愤和关切地看着那个女孩；两人手握着手。她什么也没想，冲进去顺手抄起茶几上的一只烟灰缸就朝阿蒙砸了过去。烟灰缸正中阿蒙的头部，血一下子就涌了出来……

事实是：阿蒙的妹妹未婚先孕又遭男友背叛，无奈跑到哥哥所在的城市堕胎休养；阿蒙认为“家丑不可外扬”，就没把这事告诉刘青；当时，妹妹正在跟哥哥讲述事情经过，阿蒙气愤异常，想跟人拼命，被妹妹苦苦哀求，悲愤无法释怀。正在此时，刘青闯了进来……

要求一个女孩子一点儿都不吃醋，这不太可能，但醋意要适度，如果超过了一定限度，成了醋坛子，就是一种不健康的心理。当然，适当的醋意对恋爱是有着积极作用的：

（1）醋意是一种爱的显示。假如一个女孩看到自己的恋人与别的女孩亲热，而一点反应也没有，这说明两人之间的爱已消失。

（2）醋意能促进爱的追求。女孩会因为吃醋而采取故意疏远男友的做法，或故意对别的男孩表示好感，这种适度的逆向刺激反应会使男友更加爱你。

（3）醋意还可使女孩显得更加妩媚可爱。女性的情感难以捉摸，一会儿怡然自得，一会儿愁云密布。女孩子在恋爱中因为吃醋而表现出的撒娇、赌气、猜忌等都独具魅力。

醋意一旦超过限度，就变成嫉妒了。嫉妒心理过强，会给爱情生活带来一种潜在的危险。那么，怎样才能做到控制自己的醋意呢？

首先，要善于解剖自己是否过于敏感，缺乏自信。自卑、缺乏自信的人容易产生嫉妒心理。其次，要防止因嫉生恨，甚至产生报复心理。第三，要学会控制感情，尊重对方的感情。尤其是恋爱时，要允许对方有自己的人际交往空间。

♂ 不拒绝也是一种伤害 ♀

我听明明说你有新男友了，你这样置我于何地？
我交男友和你有什么关系？我们又不是情侣。
我们怎么不是情侣了？每次我提到我们的关系时，你都没有反驳我。
但我也从来没承诺过你什么啊！
那我送你的那些昂贵礼物和请你吃饭旅游的钱又该怎么算？
以后还你就是了，真小气！
这算什么？不喜欢我为什么不拒绝我？

第六章

先走进眼里，再走进心里

美貌是天生的通行证

在人际交往中，首先被认知到的特征就是一个人的外貌、形体。尽管我们口口声声说，这些都是表面的、肤浅的，但爱美之心，人皆有之，人们就是会对美貌的人做出积极的反应，对外貌缺乏魅力的人做出消极或者否定的反应。

外貌对人的吸引力是显而易见的，无论在哪一种文化中，美貌都是一种财富，令人向往，所以有了很多为美痴狂的女人。甚至有人用美女来推动经济的发展，这被叫作“美女经济”。社会上各种选美活动此起彼伏，美丽的女人们频频出现在“形象代表”“亲善大使”“产品代言人”中。

美丽的女人更受人青睐，这一点在心理学上，也有实验证实过。实验以公认漂亮的和不漂亮的女性为助手，实验者让她们扮作临床心理学研究生，给男性被试（被试：被实验的对象）的个性特点做临床心理学评价。评价包括两个维度：漂亮或者不漂亮，肯定或者否定。

实验结果表明，在女性不漂亮的情况下，男性被试不太看重评价的结果，他们对评价者的喜欢水平都是中等。但在女性漂亮的情况下，被试非常看重评价的结果，并在得到肯定评价时，对评价者的喜爱水平最高；当他们得到否定性评价时，对评价者的喜欢水平最低。当实验者询问他们是否继续参与研究时，他们表现出非常愿意再与漂亮的女性评价者进行交往。可见，来自漂亮女性的否定对男性被试非常重要，以至于他们希望自己有机会改变漂亮女性对自己的评价。

其实，这样的现象在生活中时刻都可见到。漂亮的女人总是占尽了优势，她们能得到异性倾慕的眼光和同性羡慕的眼光。在这个竞争激烈的社会，美貌也是一种生存法则。两个学历、能力、家庭背景相同，但外表差异较大的女孩同时找工作，自然长相漂亮的女孩更容易找到工作；两个同样温柔、同样会爱的女孩，自然长相漂亮的女孩更容易被丘比特之箭射中。一些研究也表明，女性容貌与约会频率之间有很强的联系。

人们为什么爱看美人？就像古代哲学家亚里士多德所回答的一样：“只要不是瞎子，谁都不会问这样的问题。”人们之所以喜欢美貌的人，是因为美貌能唤起一个人愉悦的情感，给我们以精神上的享受；另外，人们常常以为，同漂亮的人在一起，会觉得荣耀和光彩。

漂亮的女人常常受到人们的青睐，女人应该把自己打扮得漂漂亮亮，每天都保持一种快乐舒适的精神面貌，不要让自己的形象被懒惰毁掉。这里所说的漂亮，不仅仅指天生的丽质，也包括个人的着装、打扮等是否符合大多数人的审美需求。所谓“三分长相，七分打扮”，相貌是天生的，美丽却可以后天打扮出来。

如果你只有“三分长相”，只要懂得选择合体的服饰、适宜的化妆、适合的发型，用外在的“七分打扮”来弥补自身的不足，倘若再加上腹中浓郁的书香、内心纯朴的善良、胸怀宽广的爱心等个人魅力，你同样也能成为“十全十美”的靓丽女子！

那些生来不漂亮的女人，也可以通过外部的修饰，让自己变得漂亮，比如每天化点淡妆，注意搭配合身的衣服等。做个“气质”美人也比做个普通的女人受人欢迎。对于自己而言，美丽带来了一份自信，一份好心情。

我们经常把漂亮和年轻联系在一起，我们不可能永远年轻，但我们可以永远漂亮。女人一生都要美丽，有的女人对外在的形象并不在意，或是因为结婚后就不再注意形象，因此给人一种邋遢、不修边幅的感觉，这种自毁形象的做法是愚蠢的。

当然，外貌并非永远与喜欢成正比。在人际交往的早期，外貌发挥着重要的作用，但是随着交往的深入，外貌的作用会逐渐减弱，其他内在的品质作用会增强。要想长期获得人们的好感，首先需要靠美貌抓住人，然后靠能力留住人！

在人际关系中，异性接触会产生一种特殊的相互吸引力和激发力，并能从中体验到难以言传的感情追求，对人的活动和学习通常起到积极的影响。这种现象称为“异性效应”。

其表现是有两性共同参加的活动，较之只有同性参加的活动，参加者一般会感到更愉快，干得也更起劲，更出色。这是因为当有异性参加活动时，异性间心理接近的需要得到了满足，因而会使人获得程度不同的愉悦感，并激发起内在的积极性和创造力。男性和女性一起做事，处理问题都会显得比较顺利。

一个人的外部形象无时无刻不在影响着他的自尊和自信，最终影响着他的幸福感。

从细节上打造完美女人

真正的品位往往是在细节上体现的，真正完美的女人形象，往往是注重细节的女人。一个完美的女人，不需要特意夸张地装扮自己，但需要注重细节上的品位。女人的细节装扮，经常用到的一般是饰品、手袋、鞋子、丝袜。

1. 饰品

一件好的衣服不见得一定出彩，有时候画龙点睛的倒是饰品，饰品是女人的心爱之物，是女人美丽的艺术品。不少人舍得花钱买服装，却不大舍得花钱买饰品。她们不知道好的佩件作用常常大于好的服装。服装是服装师的作品，搭配才是你的作品。

现在饰品的种类非常多，有各种首饰等，这类配件是纯装饰性的；还有围巾、腰带、手表，这类是具有很强装饰性并兼有使用功用的饰品。

我们在运用饰品的时候要注意搭配的原则，首先要考虑它与服装和人的可搭配性。再好的饰品如果缺少了这种特性，便不是你的饰品。搭配得好才能丰富服饰的表达力，才能在细节上表达你的审美情趣。我们在选择的时候也要注意：

（1）饰品的多重使用性是你在购买时选择的重点，既可以省钱，也能制造出更多的变化性。选择在色彩上可以与两件以上的服装搭配的饰品，或者选择质地上能配合两个以上季节的服装。而有些饰品就只能进行一种搭配，这种只能进行单一搭配的饰品，色彩和样式往往都很诱人，但是饰品本身的表现力就已经够强了，能搭配的衣服却很少。

（2）遵循宁缺毋滥的原则，饰品本身就是起到画龙点睛的作用的，有很强的视觉影响力。所以说不要为了使用饰品而使用，更不能一次性使用过多的饰品，这是使用饰品的基本原则。

（3）饰品有较强的隐喻意义，比如珠宝、金银佩件，它们的价值和光泽隐喻了富有、华丽；石质、木质饰品隐喻较强的厚度、质感和温度；水晶、玻璃等饰品有透明、明快、纯洁以及清凉感，在选购和使用时，你要考虑这些是不是你需要的元素。

（4）要考虑与你的体形的关系，饰品是人体重要部位的装饰元素，你得格外注意这点。比如说，身材矮小的人适于用细小的项链，而不适于用粗大或长长的挂件；身材矮小、粗壮的人，几乎是不能使用露在身外的腰饰的，身材苗条而高挑的人几乎适于使用各种配件。

（5）选购饰品首先应考虑你的消费能力，高档的饰品品质感较强，一般多用于隆重的社交场合，廉价的饰品一般在日常生活中佩戴。有时搭配得巧妙的话，用高档的佩件配普通的服装，可提高服装的品质；或高品质的服装与低价格的佩件搭配，可提高佩件的品质。

饰品，打造完美女人的焦点，只需要一点点，就可以让女人的审美品位和品质得以体现，可以“点亮”你独特的气质。

2. 手袋

手是人类创造世界的工具，手袋是女人拎在手上的时尚，一个追求完美的女人，是不会放过这个时尚标志的。

在我们的理解里，手袋通常指体积较小、款式各异的包。和我们在日常生活中提到的包不同，日常生活中的包更强调盛物的实用功能，有较大体积的款式。而装饰型的手袋强调对服饰的装饰性，注重色彩、款式、质地的表现力；有存放物品功用的手袋，则造型简约、色彩组合简洁，装饰配件较少，与服饰和个性有较强的共容性。

手袋的美可以用多方面表现，如外形、体积、质地、包带、佩件、挂件、图案等，有的甚至连LOGO都是设计师的大手笔。手袋的形象立体感，一般通过它的质地来表现。因此，一个追求细节的女人都会追求手袋的质地，找到适合自己的手袋。

追求完美的女性会根据场合来选择合适的手袋。手袋的造型能表现出较强的个性和职业取向，职业女性宜选择轮廓分明的方形或长形手袋，这样的手袋线条分明，适合职业女性的风格，给人以严谨和端庄的感觉。社交手袋要想突出女性化的特征，一般要选择妩媚多情或恬淡飘逸风格的手袋；要想表现女性的华丽高贵，一般选择高档材料的手袋；在日常生活中使用的手袋，则应更多考虑它的实用功能。

手袋是女性最不可以缺少的伴侣，也是个性和审美情趣最富有张力的表现语言。手袋可以作为服饰的补充出现，服饰中的一些缺陷和不足，可利用手袋得以弥补。比如：不够奢华的服饰可以搭配高档的手袋；不够有个性的装束可以搭配别出心裁的手袋；太过灰暗的服饰可以搭配色彩出挑的手袋。手袋还可作为形体的一种协调元素来使用，比如，过胖的体形限制了服饰的选择余地，选择高品质或流行时尚感强的手袋来搭配，就能起到很好的弥补作用。

手袋不仅是女人亲密的伴侣，也是女人时尚的标志。一个完美的女人懂得如何选择一个适合自己的手袋，也懂得好的养护才能使手袋焕发出光彩。手袋是女人心灵和品位的形象语言，女人都应该拥有一个使自己更完美的手袋。

3. 鞋子

有人说："每个人都应该有一双好鞋子，因为它会把你带到你想去的地方。"鞋子不仅仅是保护我们脚的工具，也是身份仪表的重要组成部分，尤其是在欧美国家，一些出身高贵或家庭教养良好的人，从很小的时候起就会被告知：鞋子是人们对你的成就、可信度、社会背景、教养等方面的一个检验标准。因此，在上流人群中，人们常常会先看鞋再看脸。

华尔街也曾流行一句俗语："永远不要相信一个穿着破皮鞋和不擦皮鞋的人。"可见，鞋的质量还与穿鞋者的可信度成正比。

女人优美的姿态，很大程度上与鞋也有着密切的关系。女人都知道，穿平底鞋与穿高跟鞋走路的感觉是完全不一样的。因为穿上高跟鞋，需要平衡身体的重心，身体会不由自主地变得挺拔起来。为了不至于走成"虾米式"或"坐板凳式”，你还必须适当地收紧小腹，伸直膝盖，让重心自然地从脚跟过渡到脚尖，让步履尽量轻盈一些。这样一来，走路的姿势自然会变得优美婀娜起来，而且高跟鞋还可以增加你的海拔。对于矮个子女性来说，是个很好的选择，即便个子偏高一点的女性，出席正式场合的时候也要选择稍有一点高度的鞋子。

注重细节的女人都会知道怎么选择一双适合自己的鞋子，不要选择鞋跟超过5厘米的鞋子，虽然高跟的鞋子会让女性更加性感和妩媚，但是会损害身体健康。要想使鞋子与形体美完全统一，买鞋时首先要考虑它的舒适度。鞋子合不合脚，自己最清楚，一双不舒服的鞋，会因不得不改变行走姿态而破坏体态，久而久之，会严重损伤形体。

注重品位的女人选择鞋子的时候都非常慎重，既要耐穿，符合个性，还要注意可配搭性。好的鞋子具有极强的舒适性和良好的耐穿性，从鞋面到鞋跟，都经过了精细的琢磨和处理，外观也精巧秀气，内部结构材质上乘，可以衬托出脚的性感与妩媚。好的鞋子会让人产生独特的自信，与鞋融为一体，让自己从脚底时刻散发出新鲜感与时尚感。

4. 丝袜

一提到丝袜，我们就会想到光滑和细腻的感觉。丝袜和饰品、鞋子一样，属于装饰性很强的东西。

一直到20世纪30年代，世界上才有了第一双丝袜。那时，透明轻薄的丝袜配上长裙是欧美贵妇人的时髦标志。丝袜对于欧美女人来说，是面子，更是尊严。据说，巴黎最贫穷的女人面对面包和丝袜的选择时，她舍弃的一定是面包。

如今的丝袜已不再是奢侈品，每个女人都多少拥有几双丝袜。会不会穿丝袜，反映的是一个女人内心的品位。丝袜最适用的颜色是透明的素色，素色的好处在于低调，且品位上乘，易于与服饰颜色搭配。黑色的丝袜也很实用，当穿着深色服饰和黑色鞋子时，黑色丝袜可以将服饰和鞋完整地连贯起来，易于表现整体的造型效果。

好的丝袜还应与腿部高度相契合。丝袜的松紧口或连裤袜腿根部的织法是品质好劣的关键之处。好的丝袜会均匀地包裹你的大腿，让你变得性感和优美。

丝袜的穿着方式也要讲究，穿的时候要拉得服帖平均，腿才会“着色均匀”，才能无皱无痕地与皮肤完全贴合。

真正的品位往往是在细节上体现的，需要在饰品、手袋、鞋子、丝袜等细节上引起重视，这样，完美女人的形象就离你不远了。

用色彩为你的形象锦上添花

我们每天早上睁开眼睛，看到的是什么？ 看到的就是色彩丰富的世界，你想象一下一个没有色彩的世界是怎样的。这个世界之所以丰富，就是因为有色彩，五彩斑斓的世界让我们欣喜，让我们的生活多彩多姿。

这么丰富的色彩，总有我们喜欢的，喜欢某种色彩，就会千方百计想拥有它，留住它，目的就是想把自己装扮得更加漂亮。 那么拥有了它，你就真的会让自己变得更漂亮吗？

卡是一个追求时髦的女性，在她身上总能找到当季最流行的元素，但她看上去却毫无美感，总让人感觉那不是适合她的东西。有一次，卡的好友临时去参加一个聚会，借了卡的一套衣服，所有人都觉得卡的好友穿上简直太合身、太漂亮了。其实卡的身材远比她好，五官也更漂亮，为什么卡穿上的效果反而大打折扣呢？问题就出在颜色上，这套衣服的颜色不适合卡的肤色，卡的肤色发黄，穿衣服时要避免黄色、土黄色、紫色、青黑色等颜色，因为这些色彩会使她的肤色看上去更黄。但是卡却总是买这些颜色的衣服，难怪穿在她身上不但不能增添美感，还让人觉得别扭。

在实际生活中，我们经常发现，相同色彩的衣服穿在不同的人身上产生的效果完全不相同。别人穿着好看的衣服，不一定就适合自己；别人的头发染的颜色很漂亮，自己染同样的颜色就不一定漂亮。

再比如，你今天和昨天一样都是素颜，只是换了件没有什么色彩的衣服，别人却夸你今天的皮肤真好；只是换了一种颜色的口红，大家就觉得你变得特别漂亮了。

一切都和颜色有关，别人穿着漂亮的衣服，染着好看的头发，在你身上却不漂亮，只是因为别人选对了颜色，而这些颜色并不适合你；你也是同样，只是换了件衣服就改变了形象，是因为你今天穿的衣服的色彩把你的皮肤衬托得非常好；你现在的口红让你漂亮，是因为口红的颜色很适合你。

颜色主要是用来体现我们的美丽的，如果你自己喜欢的颜色搭配不当，就会破坏整体效果；而选对一种适合你的颜色，就会使自己的装扮更符合自己的风格，更漂亮。

要塑造你美丽的形象，并不是难事，关键是要选对色彩，你身上的衣服颜色搭配得和谐往往能产生强烈的美感，给人留下深刻的印象。因此，根据自己的特点和需要，选择适当的服装颜色，并进行合理搭配，是为你的形象加分的重要手段。

我们都知道由颜色所带来的愉悦，是一种最为普遍的美感，它会直接冲击你的视觉。其实我们每个人都有适合自己的色彩群，而如果我们要想使自己的形象有所提升或改变，首先我们必须知道自己适合什么样的色彩，真正做到对号入座，让色彩为我们服务。

要想使色彩为你的形象锦上添花，先要知道你是属于哪一种色调的皮肤。

四季色彩理论把我们常用的色彩按基调的不同进行了冷暖划分和明度纯度划分，形成了四大色彩群，而这四大色彩群恰好与大自然四季的颜色相吻合。

春季，满园春色，迎春花、桃花、嫩绿的小草等，给人以鲜亮、活泼的感受；秋季，一片成熟的景象，当落叶撒满一地时，又给人以饱满、醇厚的感觉；春、秋的颜色中都带有黄色成分，所以让人有暖的感觉，为暖色调。夏季，由于热，人们希望看到碧蓝如海的天空，凉爽淡雅的水乡，获得清新、淡雅、恬静、安详的感觉；冬季，洁白的雪，漆黑的夜，黑白衬托，一切色彩显得那么纯正，给人以鲜明的感觉；夏、冬色调中以蓝色为基调，整体上给人冷的感觉，为冷色调。

了解自己所属的色调是为了更好地利用服饰色彩。无论我们穿什么颜色的衣服，只要看起来是协调的，就是最舒服的，这也是视觉心理的要求。

首先我们来识别自己的人体色。人体色包括肤色、唇色、瞳孔色，也就是通俗意义上的脸色。一个人的美丽首先是写在脸上的，脸是展现美丽最直观的窗口。皮肤是人体色中面积最大的色彩，所以我们在确定人体色时基本是以皮肤色为主。个人的色彩属性是与生俱来的，即便是晒黑了，变老了，这个属性也不会有太大的改变。一般的判定标准是，以黄为基调的人为暖色调，以蓝为基调的人为冷色调。

在认识了人体色的前提下，服装色彩的选择应与肤色协调。一般来说，面色红润的人适宜穿茶绿或墨绿色衣服；肤色黄白的适宜穿粉红、橘红等柔和的暖色调的衣服；面色偏黄者适宜穿蓝色或浅蓝色服装，可将偏黄的肤色衬托得洁白娇美；肤色偏黑的人适宜穿浅色调、明亮些的衣服，如浅黄、浅粉、月白等色彩的衣服，这样可衬托出肤色的明亮度。另外，我们还可以通过化妆来调节面部肤色，以便有更多选择的空间。

不管你的人体色是暖色调，还是冷色调，都应该注意，暖色调的人选择服装时要以黄色为主颜色，而冷色调的人选择服装时要以蓝色为主颜色，而不论哪个色调的人往往在买衣服时都偏向鲜艳的、明亮的颜色。

除服装颜色要与自己的肤色相协调外，妆面、头发及饰品也要与自己的肤色相一致。暖色调的头发色要以黄色基调的颜色为主，如橘黄、棕红、淡黄绿色等；饰品要以黄金色为主。而冷色调的头发色要以蓝色基调的颜色为主，如玫瑰红、紫色、蓝色、粉色等；饰品以白金色为主。还应该注意色彩和色彩之间的搭配，大概有以下三种：

1. 近似色相配

指两种比较接近的颜色相配，如：红色与橙红或紫红相配，黄色与草绿色或橙黄色相配等。绿色和嫩黄相配，就给人一种很春天的感觉，整体感觉非常素雅，可爱的青春的味道很强烈。

2. 强烈色相配

指两种相隔较远、对比很强烈的颜色相配，如：黄色与紫色，红色与青绿色，这种配色比较强烈。色彩和色彩之间的反差很大，在进行搭配时应先衡量一下，你是为了突出哪种颜色的服饰。不要把沉着色彩和厚重色彩搭配，例如：深褐色、深紫色与黑色搭配，这样会和黑色呈现“抢色”的后果，令整套服装没有重点，整体表现也会显得很沉重、昏暗。而如果是白色与紫色搭配，效果却会很好，紫色的效果会更加明显。

3. 补色相配

指两种相对的颜色相配，如：红与绿，青与橙，黑与白等。补色相配能形成鲜明的对比，又能相互融合，有时会收到较好的效果。黑白搭配是永远的经典。

用色彩设计形象的同时也要配合自己的心情，这样服饰与人才能协调一致。衣服的颜色可以影响他人对你的印象，也会影响你自己的心情。穿淡粉红色的洋装，这天的心情应该是愉快、温柔、直爽的；如果穿黑色，心情体现出沉闷的感觉。如果你想创造利落的形象，就穿上鲜蓝色吧；如果穿绿色和咖啡色的搭配，心情自然放松；如果穿着红色，就会较有活力，别人也会感觉出你是一个很热情的人。

许多人不愿相信，自己喜欢的色彩居然不适合自己！其实每个爱美的女性都有自己钟情的色彩，但是你喜欢的并不一定适合你。要想成功地运用色彩，就应该抛弃你喜欢的而选择适合你的，只有适合你的才能使你本人更加美丽出众。

大多数女性都希望能带给别人一个好印象，然而色彩却左右着一个人的形象。例如相同的造型服饰，一个穿亮黄色，另一个穿暗褐色，第一眼就会令人觉得穿亮黄色衣服的人较活泼可爱，穿褐色衣服的人较稳重。

这就是色彩本身所拥有的沟通的效果，它能把你的形象在第一时间带给别人，因此我们要把最适合自己的颜色发挥到最大效果，让自己看起来更有魅力。我们中国人是黄种人，大家普遍认同的审美观是肤色应白里透红、润泽光亮。这样的肤色对服装的选择面较宽，色彩不论明暗、深浅都是可以的。

关注色彩就是关注你自己的形象，色彩是你进行外部装扮的平台。色彩是我们通往美丽的捷径，只要你能把握好色彩，运用好色彩，一定会让你的形象更加美丽，更加光彩动人！

走“中间路线”的男人最能撩动女人心

现在流行一种外焦里嫩的复合式男人。

有人说，张艺谋导演只热衷于找女主角，但是在电影《十面埋伏》里，他特地从中国台湾请来了金城武来担当男主角，是因为眼光独到的他看到了金城武先生的女人缘以及广阔的女性市场。无独有偶，中国台湾“MTVFresh 网络流行大调查”连续两周进行女士们心目中的“成熟男士之最选举”，结果中日混血的靓仔金城武独赢七成票数夺冠，古天乐与梁朝伟分列二、三位。据报道，金城武早前还当选女性用品最佳代言人，可见他的魅力真的没法挡。

那么我们不妨对这个万人迷进行一番魅力大解剖。金城武先生是混血儿，这是一种世界流行的中性时尚；金城武外形高大，个性温和，如果外形与性格一样热辣，往往就不讨好了；帅气十足，却没有什么绯闻，所以深受女粉丝喜爱；他的浓眉大眼配上羞涩之美，让人疼惜；他是公众人物，却鲜有曝光，很低调，增添一份神秘感；他有阳光清纯的一面，但是也越来越成熟稳重，所以魅力有增无减，难怪女性会选他为最有魅力的男星。

古天乐太“明”，梁朝伟太“暗”，而金城武中和了他们两者的棱角与线条，有些暧昧，有些晨昏之美。在两性不断走向妥协交融的今天，一个走“中间路线”的男人，可以通吃男女两界。

男人自古以来，喜欢拿胡子说事。没有胡子的下巴像脚后跟，性特征不明；刮太光总觉乏味平庸，留得太长有些邋遢；而有个统计数字表明，留了两天的胡子，恰到好处。在消费男人的年代，在男人味的问题上，要掌握分寸、把握火候，刚刚好，才合女性口味。男人味本身是一种极具分寸的东西，增一分太过，可能变成粗鲁；少一点，又不够强，缺乏杀伤力。如何走折中路线，软硬兼施、冷热有度、刚柔并济，确实是新男人必须考虑的问题，因为今非昔比，现在是女性的买方市场，男人不再优越，必须迎合女性的潮流。

张爱玲说，如果你不调戏女人，你不是一个男人；如果你调戏女人，你不是一个上等人。男人就是“难”做人，特别在女性的面前。

要有太阳的理性，还要有月亮的感性。把征服力变成“影响力”，这正是新风味男性魅力的特点，它是一种舒服的影响力，女性喜欢被你这样不知不觉的魅力照耀而不是侵略。向女性学习，当然不是学做兰花指、绣花、打毛衣或者把面包一缕缕地撕着吃……而是学会用女性的头脑或者角度思考问题。英国剑桥大学的研究表明，大概有1/5的男人长着女性的大脑，贝克汉姆极可能就是其中之一。当然他们不是同性恋者，而是一种情商与“美商”都比较高的男人，他们善于讨好女性，因为他们了解女性，如小贝在日常生活中的确体现出大量女性特征：对时尚趋势的超人敏感，他在公众面前毫不掩饰自己对家人的热爱……而这些恰好都是“女性大脑”的关键特征。硬朗柔情，剑胆琴心。这样的“粉色男人”在向女性靠拢的路上，更加意气风发，因为他们是会开花的树。

男人怎样打扮更容易吸引异性

1. 注重细节

正式场合穿黑色皮鞋，擦拭光亮会显得十分体面。

袖口虽小，却在服饰中起着画龙点睛的妙用。袖扣的搭配可大有学问，一般来讲，水晶玻璃袖扣因其透明，最好搭配白色衬衫;而红色衬衫搭配金色袖扣，有华丽而时髦的感觉;黑、白、灰衬衫搭配银色袖扣，则有沉稳、高贵的效果。

男士的长裤，可以采取不同的造型手段以求合身舒适。最吸引视线的是那种瘦型的将臀围及大腿曲线显露的长裤，但这要求着装的男子首先臀部及大腿要线条清晰，否则会适得其反。此外，流行了好几年而至今仍不衰的“萝卜裤”或“老板裤”也不错，由于这种裤型舒适自如，能很好地修饰臀部及大腿的粗壮或瘦削感，很多青年男子都爱穿这种裤子。

发型也标志着你的品位。在近期发型趋势中，明显照顾了男士们的需求，展现了 4 种风格迥异的发型：最具艺术气质的冷艳君子、最具怀旧气质的俊俏小生、最具阳光气质的乐观少年以及最具耿直气质的英雄本色。

香水是一个隐形的时尚符号，但男人使用要特别注意场合和味道的搭配。休闲的、和女友一起的场合，可用比较时尚的新款味道;工作场合视对方习惯而定，或者干脆不用香水，只要身上是气味清爽的清洁用品遗留味道就很好了。

2. 负面规矩

（1）谨慎穿窄领。东方人相对西方人来说脸会略显大些，宽领更适合东方男性的脸形，所以很时髦的极窄领型要慎重尝试。

（2）西装误区。欧式对排扣西服由于纽扣位置较低，有一种上半身显长的感觉，所以身材较矮的男士应该慎重穿着;里面的衬衫不能长过西装袖口半英寸，大部分男士露得太多。

（3）名牌是可穿不可“吹”的。如果大谈衬衣多少钱一件，在某某奢侈店买东西……女人听到通常会很反感，她们对这种话题是相当敏感的。其实女人更加喜欢沉默但目光专注的你，还是学学梁朝伟吧。

（4）中性有度。年轻的女孩们都承认自己喜欢偏秀美的帅哥，但是不喜欢男人的刘海留到可以遮住半边脸、打个耳洞、穿喇叭裤等。中性时尚仍旧讲究“男女有别”，在阴柔美里保持阳刚之气，这才自然大方。

（5）腰带易犯的错。短夹克包过了臀部，腰带系在了肚子上面。男装夹克的正确长度应到腰际。如果实在不幸拥有了一个便便大腹，就算肚子再大，腰带也必须系在“将军肚”下。

（6）表露及掩饰着装艺术。一般女士喜欢男士微敞衬衫，露出结实肌肉的样子。但这一定要分清场合，酒吧、海滩、运动场及家居都可以这样，否则你不分场合也如此随意，其结果会事与愿违。穿纯色的衬衫比穿花色的衬衫更富有魅力，穿着带有宽松风格的衬衣及紧身敞胸的 T 恤衫也很受女性青睐。

3. 颜色与搭配

对男装来讲，深颜色与调和色独具魅力，尤其应用在外衣上则更引人注目。比如深蓝色和砖红色最能引起好感和重视。可以想象，穿深颜色的西装配鲜艳颜色的衬衫，或者穿鲜艳颜色的衬衫配对比颜色的西装，再系上一条中性灰调领带的男子走在大街上，会引来无数欢欣的目光，觉得他很帅和富有魅力。

人们总是喜欢"透过现象看本质"，认为穿着得当的男子一定精明能干，其他方面也一定很出色。要想学会巧妙搭配，最简单易行的方法，便是留意商店的橱窗或商场出色的男装搭配实例。结合自身情况去揣摩，试想着自己如此着装后的效果，有可能的话可以试穿一下，比较中意便将其全套买下，而不要仅买其中一件或两件。

4. 办公室里的着装

男士们穿着合体，色调高雅，搭配巧妙，令人赏心悦目，甚至女士们会因此而工作非常努力。这是因为女士会用她们看待女装的观点来看待男装，并以自己的水准来衡量男人的打扮穿戴。她们喜欢着装雅致、搭配漂亮，又合乎潮流的男子。这样产生共鸣，会使其乐意为你工作。

穿深色调的西装会显得威严自信，尤其是年纪较轻的男上司更应如此，这样会显得成熟和老练。如果男士们的上司是女性，那男子最好穿浅颜色的西装，而不要穿深蓝或深灰色的西装，尤其是深色细条纹的西装。因为深色会使女性在潜意识中产生压迫感，她们不喜欢这种感觉。男士们要用心去捕捉优雅潇洒的感觉。

♂ 从细节处打造完美女人 ♀

▲ 选择合适的手包、首饰等配饰

▲ 穿剪裁合适的衣服

▲ 出席正式场合时需考虑整体协调性，不可过于随意

▲ 非正式场合以轻便自在为原则

第七章

表白，爱要怎样说出口

女人喜欢男人单刀直入地表白

男人最大的魅力是什么？是一股冲劲，这也是男人的一个特点。这种直爽的性格，会让女人觉得你很有魅力，或许她们会对你第一次见面就单刀直入地表白有些不好意思，但她们就是喜欢这种直爽。相反，对于那些说话过分含蓄、欲言又止的男人，女人通常没有什么好感，会觉得他们装腔作势、假惺惺。因此，男人在邀请女人的时候，切忌吞吞吐吐，要直率地表达，如果对方对你没什么感觉，她或许会暗示或者找个其他的理由拒绝，但如果对方默默无语，那就说明她答应了你的要求。这时，一定要乘胜追击，对她多几次邀请，这会让她觉得没有理由拒绝你。

但男人的单刀直入也要有分寸，分场合。如果你在大庭广众之下直接对一个女孩表白，会让她很尴尬，即便是答应了你的邀请，也是逼不得已，同时她会觉得你是个鲁莽的人，不会再对你做深入的了解了。

宋传名是一名会计，他很喜欢自己的一个女同事，通过慢慢了解，他发现女同事喜欢性格直爽的男人，于是决定用男人的直爽来打动她。在新年酒会上，宋传名当着全公司人的面向那个女孩表白，女孩特别惊喜，就同意和宋传名开始交往了。两个人结婚后，再提起当年的事情，女孩依旧很感动。

有些事情往往就是这样简单，只要你敢大声说出来，就会得到你想要的，反之，你只能看着喜欢的人从身边擦肩而过。

男人要学会在女人面前单刀直入地表白，让女人看到你直爽的一面。主动并不代表着花心，而是对爱情的一种积极表现，女人喜欢积极的男人，因为这种积极代表着尊重，也能证明女人吸引人的魅力。

男人如果想对一个女人表白，首先要观察这个女人是不是能接受这样的方式，如果没有事先了解这个女人，就对她单刀直入地表白，会让她觉得你这个人很轻浮、很花心，也会因此对你没有任何好感。因此，根据女人性格的不同，要选择不同的表达方式。

男人打动女人的 5 大法则

男人想要打动女人，没有诀窍是不行的。记住 5 大法则，就很容易赢得她们的好感。

1. 男人的勤快通常比甜言蜜语更有分量

爱，不是用嘴说出来就能让女人相信的。很多时候，女人判断男人是否爱自己，是通过男人的实际行动来断定的。当男人说出“我爱你”的时候，女人通常会抱着半信半疑的态度，因为男人通常说的比做的好听。就好像你告诉所有人你中了 500 万头彩，却依旧是个穷光蛋一样。只靠嘴，女人是永远不会信的。

当女人反问：“你真的爱我吗?”你需要明白，她们要的不是你说出多么完美、多么让人感动的答案，因为这只是她表示怀疑的一种方式。如果男人从来不说“我爱你”，却总是体贴关心着对方，那对方依旧会读懂你的意思，会深深体会到你的爱。用行动表达爱，往往会比单靠嘴说“我爱你”有分量，也更容易让女人相信。

小许是个羞涩内向的人，后来认识了一位空姐并与之结婚。当妻子在婚宴上谈到他们的恋爱史时说：“虽然他从没有对我说过他爱我，但我非常清楚他爱我、在乎我，因为我每次要回家的时候，他都会主动在公司门口接我。”

2. 果断以及不容分说的决定

女人总是会表现出优柔寡断的样子，这让男人很头疼。跟女人逛街时她们会为了一条围巾的颜色而不停地选择，好不容易决定买了，可是刚刚走出商店门口就开始反悔。在感情交往中她们同样也会表现得优柔寡断。其实，这种优柔寡断是她们害怕承担责任的表现，她们允许自己徘徊，却希望自己的交往对象可以果断一些。

当男人在做出某种决定的时候，应该果断一些，这样才能抓住女人的心。比如想要找她去旅行，与其问她想去什么地方，还不如直接告诉她：“这次，我们去桂林看山水，怎么样？”表面上看似武断，实际上体现了男人果断的做事风格，这是女人很欣赏的一种品质。

3. 女人都喜欢小礼物

在凯瑞30岁生日的时候，她终于决定嫁给等了自己8年的男人，原因何在呢？因为一根头发，一根凯瑞自己的头发。男友送了她一根她自己的长发。要知道她在6年前就将长发剪短了，看来男朋友将她的长发保存了6年。

与此同时，凯瑞的朋友玛丽想要和自己的男朋友分手，但是当回到自己和男友居住的小屋后，看到小屋里全部都是两人一起购买的家具，还有墙壁上挂着的他们这些年来的情书，玛丽的心突然一紧，分手的决心也溃散了。

4. 记住关乎女人的一切细节

女人很容易因为一些生活中的琐碎事情而忙得不知所以，她们的世界就是由一些小事情构成的，但是大多数男人通常不会注意这些。以穿着的服装为例，女人对自己衣服的颜色和款式记得清清楚楚，而男人连自己有几件外套都不清楚。

如果一个女人在不经意间说出自己有某项爱好或者想要做某件事情，作为男友的你不妨把这些事情记下来，然后在适当的时候提出来，女友往往会感动不已。她们会认为你记下这些琐碎的事情是因为关注自己、重视自己。这种关注往往会转化为女人对男人深深的信赖和依恋。

王明在大学里是个很普通的学生，普通到很多人都不知道他的名字。但是让大家都感到意外的是，那一届的校花最后竟然成了王明的女朋友。在大学入学仪式第一天进行自我介绍的时候，谁都没有注意到校花说自己每天晚上只有抱着布娃娃才能入睡，只有王明记住了，他给她买了一个布娃娃，随后两人就走到了一起。

5. 女人喜欢敢于给予诺言、承担责任的男人

任何一个女人都喜欢勇于承担责任的男人，这种责任包括对家庭的责任、对未来的责任。在女人的眼中，责任感在一

定程度上代表了一个男人对自己的重视或者关注的程度，很多女人可能不会去强调男女平等，但是她们会很重视自己在男友心目中的地位，如果一个男人给予了她承诺，那么她会认为这种承诺比法律的效应更有保障。女人都是缺乏安全感的动物，而男人的承诺正好可以弥补这种安全感的缺失。

如何引起意中人的注意

借助各种手段和方法以收到醒目、轰动的效果，从而把别人的目光吸引过来，这就是眼球效应。相信每个女孩子都有暗恋别人的时候，女孩天生的羞怯和矜持让她们不敢大胆地向意中人表白。只能看着刚刚萌芽的爱情渐渐死掉，之后留下难以忘却的悔恨。其实女孩也应该主动一点，面对自己的意中人大可不必难以启齿，爱情本来是一件美好的事情，勇敢地去争取，即使是失败也不会后悔。

芊芊以前认为等待是女人在爱情里应该具备的美德，结果等来的不是外表光鲜但内质俗劣的劣质男，就是自己在故作矜持中的模糊态度让优质男会错意、悟错情而撤退。这些失败教训让芊芊再也不想傻等了，她决定选定一个人主动出击。

当芊芊定下如上情感目标后，这才彻底觉悟了，美好的爱情是朝着目标争取来的。自此，芊芊再也不会穿着睡衣蓬头垢面去开门，更不允许自己染指烟酒，也不再熬夜，而是亮丽饱满地开始每一天。她要以最美的姿态遇见他。获得成功的芊芊自我爆料，她不惜血本去读MBA研修班，一半是自我充电一半是因为在研修班上有真材实料的男人着实不少。一个学期下来，不仅学业顺利，还以积极努力的明朗态度和一个“目标男”由同学情谊顺利发展成爱人关系。

女孩子如果有了意中人，一定要先下手为强。想方设法引起他的注意，让他慢慢地了解你，发现你的优点，这样才会让爱情之花渐渐绽放。那么，如何引起他的注意力呢？

1. 别有用心的恶作剧

当你开始喜欢某人后，最重要的问题是如何让自己在芸芸众生中脱颖而出。或许我们都发现过一个现象，就是在当一个小男孩喜欢一个小女孩的时候，却总是找机会“欺负”她。两个人在打打闹闹的过程中便渐渐熟识起来，最后成为好朋友。这个方法可以拿来借鉴。在不涉及原则的前提下，以开玩笑的方式故意为难对方，出他的洋相。对他身边的人都很友好，就是对他不理不睬。这样就会引起他的注意了。当他真正需要帮助的关键时候再挺身而出，那么他必将对你刮目相看。

2. 故意跌一跤

找个借口让他帮忙。男人总是有些大男子主义，如果你一副楚楚可怜的样子，势必会激起他的同情心。例如大家一起去野外爬山，在离他不远处你故意摔一跤。看见你单薄的样子他肯定会跑过来帮忙。这下你就充分发挥女性的优势，大喊伤势严重，走不了路，他自然要自告奋勇地“协助”你下山。那么，不管背着还是抱着，你都可跟他进一步地接触。

3. 为他“不知所措”

用欲语还休的姿态吸引他。女孩害羞的样子最令男人心猿意马。找个机会给他来一个眼神攻势，目不转睛地盯着他的一举一动，待他觉察后马上低下头或者把视线转向别处，露出一副不知所措的样子。当男人看见女孩因为自己而不知所措的时候，总会有一丝虚荣的窃喜，还会让他在心底慢慢地猜想女孩的心思。千万要把握好他发觉你的那一刹那，从“不知所措”转为若无其事的样子，说些什么都可以，关键是大方、勇敢。

4. 适当寻求“保护”

有一个擅长戏水的女孩子，却装作不会游泳，对男友说：“我虽然喜欢与浪花为伍，可是我一个人去游，好像还是挺怕的。”于是男友陪她去游泳，在海浪打来的时候，她顺势向远处漂去，制造出被海浪淹没的假相。男友紧张得不得了，等到急急地游过去之后才发现是一场骗局。在这个过程中，两人的感情无形中深化了。

所以，有意中人在场的情况下，故意给自己制造一些不涉及安全的“小事故”，等待他的保护。小小地制造一个机会，让他记住你的古灵精怪。

5. 创造一个惊喜

当女孩子有了意中人之后，总是会注意他的一举一动，收集他的一切信息。假如你和他第一次交往很成功，那么你就该继续寻找增进友谊的机会，为他制造一两个惊喜。你肯定对他的生日记得比自己的生日还牢，所以在他生日的时候突然送他一个小礼物，或者在他生病的时候适时地给他一些关心，那么他将十分感激。

6. 寄一封情书

有人说情书这种东西已经过时了。其实这种写在纸上的点点情思更能感动人。如果你是害羞的人，那么写一封情书给他寄过去，将是一件很浪漫的事情。如果你还有一点小文采，那么就更容易博得他的青睐了。写信很费时，但越是费时就越能表现你的重视，对方只要读你的信就容易被你真挚的心所感染，取得电话难以取得的效果。

每个女孩子都希望遇到一个梦想中的白马王子，让爱将自己燃烧一次，哪怕化为灰烬也好。但是随着阅历的增加，很多女孩逐渐领悟到：理想中的爱情生活实际上是一个童话，不少人蓦然回首，发现依然没有任何人在灯火阑珊处。幸好现在的女人都不再奉守传统，等待男人来追。

都说“女追男隔层纱”，仿佛只要你有勇气捅破这层纱，得到男人的心就如囊中取物。其实不然！在爱情速食化的今天，还有那么多面临“爱他在心口难开”的女人上下求索，只因她们缺乏一套步骤清晰的战略方针！作为女孩不能只会傻傻地等待爱情的来临。很多幸福的爱情是争取来的，而不是等来的。不管是追求还是被追，结果都是一样的。

张小娴说：女人的追求其实只是用行动告诉这个男人，请你追求我！意思是拉开架势，垂下鱼线，愿者上钩而已。所以，看重一个男人，就勇敢地采取行动吧。

用小礼物打动他

贵族小姐玛特儿剪下一束头发，对于连说：“这是你的奴婢送给你的——一个永久的记号，我愿意放弃我的理智，请你做我的主人。”

马克思送给燕妮一本亲自手抄的爱情诗歌选。

《春香传》里李梦龙说：“我这里有明镜一面，你藏起来，见镜犹如见我梦龙在，丈夫胸怀像镜光，我千万载光彩。”

春香也说：“春香有玉指环，留与郎君随身带。春香是情如指环无穷尽，始终不渝待郎君。”

“茶花女”说：“我们有一些离奇的欲望和不可思议的爱情。我们有时候为了这件事，有时候为了另外一件事，献出自己。有些男人为了我们倾家荡产，却从我们身上什么也没有得到；另一些男人呢，用一束花就得到我们。”

送礼绝对是一门艺术。

送礼是门学问，再戴个高帽，可以纳入社会科学这一体系。送礼送得巧，万事都好办；送礼送不好，事事都不妙。

送礼可以改变情人之间很多关系，既可以增强，也可以冲淡彼此的关系。送礼可以传达送者的信息，尤其是一些可以激发想象力的礼物。

俗话说，小礼物可以传心意。有时候，可以让礼物为爱情说话。与其说是送礼物给对方，不如说是送给对方礼物中所传递的信息。

当然，一提送礼，便狮子大开口要求宝马香车华宅钻表，那也太劳民伤财。如何才能做到礼轻情义重，两情相悦呢？

1. 适时合意

赠送礼物给喜欢的人是爱情的表现。但是，若和对方并没有达到某种程度的关系，送礼的恰当与否就是一种艺术了。当你毫无缘由地送给对方贵重的礼物，无形之中会增加对方的负担，礼物的价格非但不能测量爱情，有时候反而让人不易了解对方的心。礼物太贵太贱、实用价值太强，或太具有批评意味，都是需要斟酌考虑的事情。过于贵重的礼物，难免有收买的意味，送者与受者都很难相安。

当你们只是喝茶聊天阶段的男女朋友时，你却送她名贵香水，或者只约会过一次，突然送她戒指，女性非但不会高兴，反而怀疑你是另有企图，撇开价格的昂贵与否，戒指、衣服、香水等礼物，是有相当亲密关系的人才可以送的，而一般男女朋友是不送这些礼物的，这也是常识。况且若是双方在为这些礼物接受与不接受之间发生争执，才是目不忍睹的事情啊！

若是没有达到某种亲密的关系，你可以选择一些较便宜的小礼物送她，让对方了解你对她的在乎，但不能让她有心理上的负担。例如，你知道她喜欢小狗，不妨去找绘有可爱小狗的丝巾送她，告诉她："前些日子，刚好经过百货公司，看到这条丝巾似乎蛮适合你的，不介意的话请收下。"

因公出差到外地时，也可以买些小小的纪念品，但必须是专为她而买的，"找了好久，不知道合不合你的意"，相信对方会了解你的用心。

若是公司的同事，也可以买些土特产或是附近的小点心，交给她："一起分给大家吃吧！"可以通过她转送小礼物给大家，减轻她的负担。但还是不要忘了告诉她："我想你应该蛮喜欢这家店的点心。"总之，一切都是为了她。

你希望在收礼的人心中产生何种印象？作为示爱的礼物，特别需要发挥你独具用心的想象力和创造力。送爱人礼物，情侣们肯定首先想到了鲜花。再也没有比一束鲜花更受到恋人们喜爱的了。

正因为"花"是爱情的代言人，故而一到情人节，鲜花的价格便陡然间被哄抬至"高不可买"。此时，一方面要坚持浪漫，另一方面又不欲忍痛掏腰包，那么就不如就地取材，采一朵路边的野花送她也同样可表一往情深。

记得有一部外国的影片，不是太新巧，却有一个感人的细节。

男主人公是个在逃犯，与一个女教师巧遇了。二人匆匆分手后，女教师回到家里。深夜，男子来敲门。女教师看到他满身的泥，样子很狼狈。男子从背后拿出一束野花，说他来晚了，想去买束花已来不及了，就去了公园，费了好大的劲儿弄出了这把野花。（这虽然是偷来的，但却充满浪漫与真意的野花！）

自然不用说，女子听了感动得不行。没有鲜花，一束路边的野花也能打动对方，而且何等的浪漫啊！女孩子最吃这一套了。不信，可以试一试。不过，也要注意不可跑到公园花坛里去攀枝折花，否则被当场抓获，视为“采花小盗”，既要被罚款也要丢洋相，丢了夫人又折财，不合算！电影毕竟是电影，所以还得提醒你，多加小心，切记切记！

薄伽丘在《十日谈》里的一则故事就显得更为动人了：

兼具各种才能的青年费德里奇，爱上了美丽的乔凡娜太太。他为她挥金如土，但对方毫无所动，终至一贫如洗，只存下一只鹰为伴。成为孤孀的乔凡娜带着幼子到庄园避暑，爱子思鹰成病。孀妇前去求鹰，却又不想夺人所爱，当她终于启口时，方知费德里奇为了招待她，爱鹰已成盘中之餐。最后她终为其所动，委身下嫁。

礼物之可贵，是在于那是一种深思熟虑的取悦、关怀、纪念和用心的表现，信证胜过语言。还有，除非确知对方品位，否则赠送衣饰、化妆品、香水容易出错。而对于一个正在努力减肥的恋人，自然不应该以巧克力去破坏对方的计划。

2. 别出心裁

如果你家财万贯，而你又是生性豪爽，愿为所爱的人慷慨解囊，或将三房二厅的钥匙挂到她纤细白皙的脖子上，或送她一辆凌志，这些都无可厚非。但爱情并非王子公主的专利，平民百姓也同样有两情相悦的情景。

爱情不是比试财力的竞技，而是用智力经营感情的游戏。万一不幸一穷二白，甚至三餐不继，那么则请另辟蹊径。

送对方一本几元钱的台历，写着：请不要撕去每一天，包括过去、今天与未来，因为它上面注满了我一天又一天的思念……

跑到她家的楼下，声嘶力竭地呼喊一句：安红，我想你！这就是张艺谋的城市电影《有话好好说》里的经典台词。或者，你再加点创意，这样说：安红，我爱你，一万年不变，请你嫁给我！

纵然是金山银山的彩礼，又怎及这公开表白、掷地有声的爱情誓词！虽是粗糙了点，原始了点，但最直截了当，无须装饰包装的礼物才最真实。

甚至于仅仅用笔勾勒几下，也能让爱意尽显方寸纸上。画饼不可充饥，望梅却可止渴，描画的“小礼品”也可表情达意，甚至于从某处角落剪来的花样，也能起立竿见影的效果。

鸳鸯：表示永不分离。并蒂莲：表示同生共死。

小鸟：表示相随不舍。唇印：表示以吻相赠。

乐谱：表示温馨可人。唐诗宋词：表示相思隽永。

连理枝：表示相伴和谐。眼泪：表示情真喜极。

但以上这些礼物的调儿也太高了些，倘若对方不是同样的“爱情培训班”的高才生，只怕“理不清，心还乱”。

3. 分门别类

送礼，四两即可拨千金，乃是成功的情场招数。此招并非去贿赂爱情，而是在鲜花烂漫的爱意融融上再锦上添花一把，是对爱情的点缀。但点缀得是否得当，却取决于“丹青手”的技艺是否高超。

到什么山上唱什么歌。把这句话转移阵地放到情场上也可活学活用。

不同的感情程度送不同的礼物。倘若相识不足几小时，便送睡衣(性暗示)那也太操之过急，感情的发展讲究循序渐进、潜移默化，送礼也只能一步步到位，由一般朋友间的礼物互赠到亲昵的礼品相赠，感情也就一步步升华。

为避免情场新手只顾冲刺而忘了细节操作，特抄录几样最具代表性的礼品所含深意如下，以告新手。

伞：不宜，代表分散。

手帕：不宜，代表哭泣。

镜子：不宜，易有猪八戒照照镜子或照照你的德行之误会。除非特别声明：美丽的女人离不开镜子。

另有例外的是马克思送给燕妮的一面镜子。他告诉燕妮，他的爱人在这个盒子里。燕妮打开一瞧：里面是镜子，照出的是自己的影像。

领带、皮带：热恋时极佳，“亲爱的，这下我把你拴住了，看你往哪里逃?”

内衣裤：不到谈婚论嫁时不宜。贴心的话天天讲，“贴心”的礼物且待往后再说。

手表：随时可送，只欲牵着你的手共走天涯，别无他求。若情侣表，亦可只到婚嫁时再送。

情书：365 天，天天可送，愈多愈好，痴心的话儿说不完。

重点并非礼物，而是你到底要传达什么信息给对方。正因为在物质丰富的时代，“真心”比什么都有价值。目的就是要告诉对方：我无时无刻不在关心着你，一切都是为了你。通过礼物传达这样的真实心情。

可以送对方礼物的机会很多，例如：情人节送个巧克力，圣诞节或者是她生日的时候，都是很好的机会。赠送的小礼物最好避免太过昂贵，所谓“礼轻情意重”，最好再加上诚恳的小卡片代表你的心意。

表白是一门艺术

商场上有这样不成文的法则：“生意生意，研究研究。”

的确，做生意很少有一次做成的。大多数生意都是要洽谈两三次才会触及真正的主题，接着再多方交涉，最后谈完已是很多次之后了。

表白爱情也是如此。表白爱情虽然不像是做生意，但是也需要好多次的耐心。

当你鼓起勇气向对方表白爱慕之意，她能立刻了解你的心，并且答应接纳你，这当然很幸运。但是，这种成功的案例在现实生活中实在是太少了。

许多人，都是向对方再三表白之后，对方再逐渐领悟、接受，这才成为主角的。因此，向对方表白而无回应时，不要气馁，只要对方没有表示拒绝，就代表你还有机会。

再试一次。如果还是不行，怎么办呢，很简单，还是老方法，再试一次。

只要你的爱是真诚的，那么，你的爱就会感动天，你的爱就会感动地，你的爱也能够感动她。

注意表达的技巧

女性常以男性称赞自己的次数来判断他对自己的感想，而且不只是量的问题，和质也有关系。善于赞美的男性可以立即发现女性的细微特征，并脱口说出赞美的话，累积的数量自然大增。相反，不善于赞美的男性，恐怕无法掌握女性的特征和优点。

拙于赞美的男性和善于赞美者竞争的方法，就是将攻势集中于一点。无论是多笨的男人，都该有办法找出对方的一个优点，衣服的款式、发型、风格等外在美，或是善良、温柔等性情，任意一点都好，只要找到一个优点，至少可以增加赞美的数量。

当然了，这时候更多要注意语言技巧。比如说，善用"虽然……"句型增加效果。

一般来说，称赞别人可使用两种说法。你可以说："你做的菜看起来虽然不怎么样，但是吃起来很可口！"另一种说法是："你做的菜虽然好吃，但是看起来不怎么样！"听者会比较喜欢哪种赞美呢？先褒后贬的说法多半引人不悦，先贬后褒的说法却会让人非常开心，真是不可思议的心理。

最初的负面批评表示你对对方的关心，使后来的赞美增加了可靠性。不停赞美"你做的菜肴真是世界美味"，不如利用修辞技巧，增加效果，女性对这种攻势几乎没有抵抗力。最初否定自己的男性后来表示好感时，许多女性都难以抗拒。古今中外的恋爱小说曾多次出现这种场面。

进一步来说，你会发现，外国影片中时常出现的“美丽词句”，有不少是肉麻的说辞，而国人的性格保守，说得过于露骨，反而显得不够真实。不论现代女性多么洋派，国内的男性却很难像美国电影的情节般当众拥抱女友。但女性的共同特点就是爱听好话，可以好好利用这一点。

由女性的心理来看，有个方法可让她觉得你说的是实话。利用间接的表现法告诉她：“大家都这样称赞你呢!”

当然，你不妨稍微夸大。间接的说法，即使再肉麻都不难启齿，随后加上一句：“我也这么想!”若使用这种方式时爱情一次通过，往后就可以直接示爱了。

而有时候，实在没词了，称赞她的工作表现，也是一种有效的示好手段。

与其称赞女性的服装等外在美，不如称赞她的工作态度等内在美，效果反而更好，尤其是不显眼的部分，大家都忽略了，只有你特别提出来夸奖，你会让她觉得：“这个人真了解我!”因而拉近彼此的距离。她每天早晨的打扫或端咖啡等小动作，你都可以努力赞美。

♂ 如何打动女人 ♀

经常送她小礼物
亲爱的，我给你买了一条项链，你戴上一定好看极了。
记住关乎女人的细节
老婆，这个女明星穿的裙子好像你去年生日时穿的那条，但我觉得你穿起来比她更美。
你竟然还记得我当时穿什么裙子，我真的好感动！
敢于给予承诺
这段时间我工作很忙，所以很少陪你，真是委屈你了。等我把项目忙完就去上门提亲。
乐于用甜言蜜语去哄对方
我最近好像长胖了，你看我是不是没原来好看了？
我觉得你没长胖啊，而且你在我心中永远都是最美的女人。

第八章

爱情是“约”出来的

最聪明的5个搭讪手段

搭讪是结缘的高效做法，要想找到幸福，就请你兴高采烈地将搭讪进行到底吧！

1. 让自己成为“缘分友善者”

不论是采取主动还是被动，让自己看起来是个容易亲近而且乐于结缘的人，是搭讪成功的首要关键。社会心理学上的研究发现，那些面带微笑，乐于目光接触，并将肢体语言融入周边环境的人，就散发出“缘分友善者”的无敌迷人魅力。

所以，你应该主动和别人有目光交流，四目交会时轻轻点头，传达尊重及友善之意。若在派对上，人人一杯酒，你手上也绝对不能空着，若有音乐，身体就该随之舞动，这么一来，对你有意者及你心有所属者都会乐于和你亲近。

2. 由环境找线索，优雅开口

若直接上前就说：“我很喜欢你，可以认识你吗？”运气好，你就会中头彩，不过更多时候，你会因吓到别人而自讨没趣！高明的做法，是从环境找线索，让你的开口大方而不突兀。

例如：在超市，可以问：“你知道这个牌子的产品好吗？”

图书馆里，说：“你借的这本书，我也很喜欢。”咖啡馆内，如此问候吧：“我第一次来这，你也是吗？”若能在开口前，有礼貌地加上一句：“真抱歉，打扰你，请问……”那就更讨人喜欢啦！

3. 称赞女人的气质，肯定男人的能力

有些男人对女人一开口就是：“你是我见过最美丽的女人……”这种直接称赞，有时候反而让人心有戒备。若你想赞美对方，更好的做法则是，针对她的气质：“我很欣赏像你这样文静(大方)优雅的女孩……”

而女人要主动结缘男士，从求助的角度，往往很容易获得正面回应：“我的手机出状况了(或我的笔记本电脑有问题)，能够请你帮我看看吗？”给男人机会展现能力，他们通常都乐此不疲。

女人要称赞男人，也可以用较为迂回的方式。在男人为你做出体贴服务时(例如帮你拿饮料)，最好的称赞不是：“哇，你好体贴哦！”更高明的回应是：“你知道吗？我很欣赏体贴的男人！”这样表态，对方心知肚明，又不至于太过露骨。接下来进退适宜。万一对方无意，你也不会尴尬。

4. 声东击西，悄然出击

若看到心仪异性，却又不适合直接开口，你可以先找一个与你同性的对象，开口聊天，音量放大一些(确认他听得见！)：“嗨，你好！我是某某某，你一个人来吗？”以此开始两人的交谈，几句话之后，可以很不经意地转向那位被你锁

定目标的异性，邀请他加入你们的对话：“嘿，那你呢？你是怎么认识谁谁谁的？”

当我们不觉被刻意搭讪，而是受邀加入一个已进行的谈话时，通常都乐意参与。所以，去参加派对，找一位同性朋友结伴，就可以发挥这个做法的功效。不过要记得，当谈话渐入佳境时，这位伙伴就该找理由消失啦，才能为你们创造两人单独深聊的机会。

5. 创造再次见面的机缘

别忘了要把今天的初次结缘衍生成长期的互动。比较自然的方式是，聊到两个人共同的爱好，你可以这样说：“那太好了，我有一群朋友都是影迷，下次我们看电影时叫上你吧！”用这种很不经意的方式开口：“请留个联系方式，下次一定找你！”或是简单大方地说：“今天跟你聊天很开心，下回有空再一起交换心得吧！”

邀请的方法

约会是表现自己、了解对方、培养感情的过程，好的约会体验能够极大地增进双方的感情。约会时做什么事情，去哪些地方，说些什么话题，何时告别，整个过程都可以事先策划好，然后根据实际情况随机应变。和喜欢的人约会是一种享受，我们最担心的就是没有下一次，所以一定要避免约会时无事可做、无话可说。

那么约会开始时要做什么呢？当然是邀请，只有对方答应了你的邀请，你的计划才能执行。

1. 让步型的邀请方法

邀请时不必提太多要求，也可以让一点步。也就是说，不管女孩以什么理由拒绝，你都在她的基础上让步，争取邀请成功。

2. 阶梯式的邀请方法

邀请时千万不要太急，也用不着很直接，可以在与对方谈天说地时自然地发出邀请，使对方顺其自然地接受。虽然最开始说的只是出来看看电影、聊聊天，但聊天聊得开心了，当然可以再去吃饭或者逛街。

3. 用微信、短信或电话的方法邀请

打电话邀请时很多女孩在电话里都很冷淡，推三阻四。你可以先问候几句，然后再切入主题。邀约可以作为保持日常联系的一种手段，比如隔三岔五请她出来玩或吃饭。即使对方拒绝，也可以用这种方法多次邀约。对方每拒绝一次，就会形成一次拒绝亏欠，多约几次一定能成功，但前提是对方并不讨厌你，否则你不断地“骚扰”可能会产生相反的效果。最后要提醒一下，电话邀请时一定要注意语调，其实这一点比所有语言技巧都更重要。女孩出来见你，很大程度上并不是因为你讲的话，而是被声音所吸引、被你的热情所感染、被你的自信所征服。

浪漫的约会进行时

浪漫的约会开始了，对于刚刚牵手的两人来说，在一次浪漫约会的开端总会有些忐忑不安。也许你有些拘谨，不知道先说什么，或者约会结束了都还不知道结果如何。那么，在第一次约会时究竟能发现哪些有用的信息呢？

1. 恋人的性格和心情在第一次约会时就能明白

第一次约会的时候，是他跑到你跟前的吗？如果是那样的话，那么你的恋爱会很充实。如果不是的话，那你还需更加努力。

一般来说，不可能在第一次见面的时候就能明白他的性格和感受，但是从一些行为举止来看，在某种程度上也可以加以判断。

当他在约会地点看到你的时候，他采取了什么样的行动呢？如果他一路小跑，就证明他很想见到你。相反，如果他慢慢地走到你跟前，说明他根本没有兴趣和你约会。你需要进一步主动出击，加油！

走在马路上，一定会遇到人行横道。他是怎样过马路的呢？

信号灯一变，马上赶到人群之前抢着过马路的人是个急性子，并且很守时。而站在人群中间，等别人走了之后才开始过马路的人比较胆小，做事谨慎。如果你是一个雷厉风行的人，可能会对他有些不满。还有一类人，不管对面有没有人走过来，总是按照自己的路线径直往前走。这样的人比较任性，自以为是。

买电影票的时候也能体现出他的性格。等轮到自己的时候才开始掏钱，说明他做事毫无计划，工作上容易出错。如果你喜欢事业型的男士，最好远离这种人。相反，在排队之前就开始准备钱，说明他做事比较谨慎，工作很有条理，是个干劲十足的人。他会非常珍惜你，但缺点是过度在意别人的评价。另外，把钱递进去之后马上就挪开身子的人，说明他很为别人着想。

2. 消除陌生感，拉近彼此的距离

面对陌生人，一般人的反应都是好奇和提防。在约会中也同样有陌生感。为什么约会了好几次却没有进展呢？她为什么一直不肯对你敞开心扉呢？平时侃侃而谈的小伙子，为什么到了告白的时候却结结巴巴呢？其实是你太紧张了，太过于注意自己的表现，反而使对方感觉到你的拘谨，从而使对方也开始紧张起来，这种紧张感会使两人的距离越来越远。

其实人与人之间的陌生感通过一些小小的举动就可以轻松化解，比如一个微笑、一个笑话，而最有用的莫过于自我嘲讽了。懂得恰当自嘲的人往往能够在一个陌生的环境中最快地与其他人亲近。因为大部分人在不熟悉的人面前都会隐藏自己的缺点，但是自嘲却反而把自己的缺点主动呈现给对方，

这就相当于卸下了自己的“防备”。 而由于人际交往的相互性，对方也就会相应地卸下自己的防备，从而使陌生感在瞬间消失。

但是，并不是只要自我嘲讽就够了，恰当的自嘲是很讲究的。 对于自己缺点的暴露要恰到好处，不能让对方觉得你和想象中差别太大，从而降低好感度。 同时，也不能过于做作，这反而会增加尴尬的气氛。 一般来说，创造一些“偶然性”的失误是最好的办法。 比如两个人正沉默地走在路上，突然一个人不小心被石头绊了一下，这时候可能两个人都会笑出声，这就很利于继续交谈了。 另外，一些小型的事故也能在瞬间瓦解两个人的戒备，比如被突如其来的事物惊到、被食物呛到，等等，这样对个人形象不会有太大的影响，而且还能够让对方觉得你“很真实”，一下就拉近了彼此的距离。

所以，自嘲要讲究方式，不是一味自我贬低，那样是不会有好效果的。

3. 进餐时令恋人反感的行为举止

我们经常能注意到别人令人反感的行为，却看不到自己的不足。 例如有很多女性都不知道，其实不少男性很受不了女性用餐时总是用手挽长发的动作。 有时候仅仅一个小动作就会使对方产生反感。 因此，先告诉你进餐时会令恋人反感的行为举止吧。

（1）剩菜

就算正在减肥，但是难得的约会你却剩菜，这是不合礼节的。 如果那家饭店是他常去的，问题就更大了。 与其剩菜，不如一开始就不要点。当然，并不是说吃不下了也一定要死撑，而是首先要根据自己的食量来点菜。剩一点点是可以的，如果剩得太多就不好了。

（2）吃饭的时候总是用手摸头发

如果觉得头发碍事，一开始就扎起来。总是摸头发会让对方觉得你对他没兴趣。

（3）总是不知道该点什么菜

这样会让人觉得你是个没有主见的女孩。

（4）吃饭的时候不要驼背

不管你的脸蛋多么美，一旦驼背，魅力就会减半，还会显得没有品位。

（5）吃饭的时候补妆

如果养成习惯的话，你会不知不觉就这样做，这是男性最讨厌的行为之一。你要记住，即使口红颜色掉了男性也不会介意。

（6）吃饭的时候吸烟

吸烟不仅不礼貌，而且等于在向周围人宣称你是个味觉迟钝的人。不过，如果你事先就知道他喜欢吸烟的女生，那就无所谓了。

不冷场的约会话题

约会尤其是初次约会，即使你久经沙场也免不了紧张忐忑。一个成功的开场白可以引出一个好话题，让约会气氛轻松欢乐，帮助对方相互了解，更能加深对你的好印象。

1. 前段时间，我在工作中遇到一件好玩的事

自己的工作经验。谈论自己工作中的事情，既能帮助对方加深对你的了解，也能从侧面认识到你对工作采取一个什么样的态度，从而对你的性格、追求有一个大致了解。

约会的主要目的在于相互了解、相互尊重，职场话题最容易引发讨论，是一个能轻易唤起共鸣、打破冷场的好谈资。通过讨论职场话题，你也能大致了解他为人处世的风格方法。

不过要注意，在还不太熟悉的情况下，尽量挑选一些有趣好笑、无伤大雅的事情来分享，过多的抱怨不满会影响你的形象哦。

2. 你的鞋子很帅气

有关男性服装的话题。在时尚穿搭方面，女人普遍比男人有更多意见心得。对于初次见面称赞他的衣着是最安全的一句话，同时还能体现你的礼貌大方，并且让他心中暗爽一

下，其实与此同时你的印象分也在蹭蹭飙升！

讨论有关男性服装的话题很容易打开两个人的话匣子，也从侧面了解到他的嗜好。 想必为了这第一次的约会，他也会精心装扮一番，好好称赞他的品位，他心中一定很受用。

3. 这样说来，他呀……

有关共同朋友的话题。开启话题就是要将内容放在两个人共同感兴趣的范围内，这样才会避免一个人自嗨、另一个人无聊的情境。 谈到两个人共同了解的事情能让双方都变得兴奋起来，缓解初次约会的紧张气氛。 如果双方有共同的朋友，适当聊一些关于朋友的事情是很好的选择。 如果两个人是通过共同朋友介绍认识的，趁这个时候也可以好好感谢一下朋友。

4. 天气真好

有关天气和季节的话题。这样的话题既可以避免冷场，又是没有破绽的救急话题，最适合初识并未熟悉的你们。 谈论天气、四季流转，既能引起双方的共鸣，由此也可以展开谈话，比如问问他喜欢什么样的天气，哪个季节，平时喜欢做什么样的运动等，都是你们了解彼此的好机会。

5. 我的小学就在这附近

勾起童年及学生时代回忆的话题。这是个让对方了解自己的好机会，也可以通过这个话题寻找两个人的共同点，对于孩提时代的回忆，每个人都有说不完的话题，那时的单纯、青涩、对未来的憧憬、长大后的理想以及学生时代发生的糗事等，都能唤起数不尽的话题。

一起回忆那时的美好，找到彼此生活中不同又重合的部分，一定非常有趣。

6. 你看《×××》那部电影了吗

最近热门的流行资讯。最近比较大众化的热门事件、流行文化等也是拉近两个人距离的好方法，如近期上映的电影，或很火热的书籍、漫画等，遇到他感兴趣的内容，他一定会兴致勃勃地参与话题发表自己的看法。

如果猜不出对方的兴趣点，用提问的方式问他有什么样的爱好等，谈到自己擅长的事物时，他的情绪也会放松下来，并且更有自信，这样约会就能变得更加顺利。 如果有想看的电影或想去的店铺，这时候自然地表露出来再合适不过。

7. 如果你想去旅行，目的地是哪

使人产生联想的话题。如果能聊到使人产生联想的话题，谈话内容肯定就会丰富很多，从中也能了解到个人的兴趣爱好、性格脾气等。 通过对方的想象，可以明白他对事物的看法。

这是一个永远不会过时的话题，想去的地方、去过的地方、旅行中发生的趣事、遇到的那些有趣的人……这个话题绝对不会让你们没话讲，而且讨论起来就滔滔不绝，难以收尾。相同的兴趣爱好更容易拉近两个人的距离。

由动而静，动静结合

努力不让女友在约会中感到无聊很重要，也很难做到。但是，单靠玩乐的约会是不会成功的。例如一个棒球投手，刚开始投出快速球时，不但对方会因为惊吓而打不到球，观众们更会为你欢呼加油，但是若一直持续地投出像这样的快速球，则观众会慢慢习惯。再过不久，观众便再也不会为球速感到新奇了。所以职棒的投手会以滑球或曲球来改变节奏，以搭配快速球。而约会和这个道理一样。

观赛时的欢声鼓舞，以及有强烈节奏感的迪斯科舞会，虽说是不同节拍的约会，但这只是让两个人的心很快地飞扬起来，达到“动”的状态，却缺乏让二人距离缩短的“静”的状态。而约会必须动静相配合才行。譬如说：在感受过球场上的紧张刺激后，再转到如公园一般安静的气氛下聊天谈心，可将各种动静要素协调在一起，达到平衡。

对女朋友而言，因为在自己心中无法呈现对男生加强印象的场面，所以无法意识到对方存在的特别意义。如果每次都以同一步骤约会，则会失去快乐的目的。这样一来更无法缩短二人的距离。

想要抓住女朋友心理的节奏，有一个办法，只要知道“由动而静，动静结合”就行了。这样，只要经由彼此的互动关系，就容易缩短二人之间的距离。

人与人之间的关系就是一种“距离法则”，只要你了解这个法则，就会和她相处得亲亲密密，在情场上也一定会游刃有余。

例如：第一次约会吃饭时，你们也许会面对面坐着，这说明一开始你们之间还有一定距离，还需要沟通。如果你们一直面对面坐着，则表示你们之间的距离仍没有缩短。

当你们已经是第二次或第三次约会时，你就应该有意识地变更座位。只要你们在物理上的距离愈近，你们两人心理上的距离也会随之而近。

若你们两人在吧台喝酒时，可以尝试并肩坐着，这样可提升你们之间的亲密程度。

重要的并不是第一步，而是最后一步

明明与自己中意的女孩子头一次约会，却反而得到意气消沉的结果。

他成功地邀请到有“千金小姐”之称的女学生约会。当天，他连服装都改穿为平日不常见的西装，得意扬扬地从家里出发。可是，一旦二人相见后，他就不知所措了。他心里一直存在着对方是千金小姐的顾虑，所以找不到适当话题而惊慌失措。结果，在用餐后，彼此没说上几句话，便把女孩子送回家了。如此一来，更认为那女孩子是朵“高不可攀的花”。

姑且不论那女孩是否真如男孩子所说的是朵“高不可攀的花”，不过因为他是头一次约会而过分紧张是无可否认的。头一次约会，有这样的情况算是正常的，不必太担心，在分手时坦率地道歉就行了。

“今天，我太紧张了，似乎令你十分扫兴，真对不起。”

然后，附带一句：“可是，今天真的过得很快乐。”

如果头一次约会不够理想，女孩子也会很担心地想：“是不是因为我不能配合他，才使得这次约会变得如此糟糕呢?”

所以遇到这种情况，由男孩子先道歉，就会使女孩子如释重负。而且，加上“今天过得很快乐”这句话，更可以扭转女方对此次约会的印象，不会让她认为这是一次乏味无聊的约会。基于这种心理，只要男孩子一言否定，则女孩子反而会接纳“这次约会不算失败”，当然，对这个男孩子的印象也会改善许多。

其实，分手时的一句话，并不只影响头一次约会，也关系到下次约会。例如说，在看完电影后，分手时说：“因为与你一起看这部电影，所以觉得特别快乐。”因此，在女孩子心中留下了欢乐，比只说“拜拜”效果好多了。

从友情到爱情的邀约法则

常听到一些年轻男性说："我没经验，不知道该如何向她示爱""我很久没谈恋爱了"，即使你完全没经验，也不代表你和女孩子没有缘分。在学生时代，不会和女孩子谈话，是个完全不知道如何与女性相处的人，现在年龄大了所说的"没经验"比起以前，真可说是水平更高了。

举例来说：见面打招呼、一大群人(包括你的对象)一起去喝茶，或是偶尔与你一对一约会，这表示对方并不讨厌你。尽管大多数的男青年都希望心中的她能成为自己的爱人，自己能进入她的生活圈里，但不知怎么回事，一直无法与她从朋友关系进展到恋人关系，现代缺乏经验的男孩子，大半的烦恼都是这个吧！

这些没有经验的男孩子，并不是没有魅力的人，只是应认清表达爱意和按按钮不一样，凡事都有先后次序，应先与她做朋友，进而成为她的爱人。

此类型的男人邀约女性时，大多会忽略了女性的心理。若邀约的方式难以让女孩子接受，或有同事在场时才开口邀约，甚至只会邀女孩子去喝酒，你的邀约让对方觉得不怎么样，诸如此类的方式，当然只会换得女方反感。即使女方答应了，也会因为她不怀有任何期待，而难有进一步的发展。

我们经常可以听到女性说“不要”，其实她的意思是“要”，如果你能仔细考量她的心思，就很容易让她把“不要”变成“要”。再加上约会的其他作用，会提高你在她心目中的魅力，而她对约会的期待感也会大幅提升，约会时的气氛也会截然不同。如果你能详加考虑邀约时机，她一般不会拒绝，昨天之前还对你反感，今天可能就会微笑地点头答应。让她重新认识你，且让你和她的关系，从“超越朋友关系，未达恋人阶段”迈入“热恋但尚未论及婚嫁的阶段”。

♂ 搭讪有技巧 ♀

先生，不好意思，我的手机开不了机，但我现在有事要联系朋友，可以借你的手机一用吗？
当然可以。
五分钟后
谢谢你啊，要是联系不上朋友我就有大麻烦了，你真是帮大忙了！
不客气，这是举手之劳。
方便留个联系方式吗？真的很感谢你，我下次请你吃饭。
你太客气了，我的手机号是……

第九章

关于爱情的忠告

爱情不是生活的全部

爱情不是生活的全部，只占生活 30% 的比例，还有 70% 你必须分配给家人、事业和兴趣。特别是事业，你知道事业对男人有多重要？赚钱对男人有多重要？名利对男人有多重要？99% 的男人是把事业排在女人之前的，你不要要求一个男人把你排在第一，那样毫无意义。整天腻在一起谈恋爱，能谈出一套房子一辆车吗？显然不可能。整天腻在一起能创造什么社会价值呢？再爱得死去活来，也都是虚无的东西，生活必须有实际的物质决定质量，所以请你理解他，他忙，他没空联系你，他在为创造财富而努力。那请你也忙起来，你也该积极努力地为你的工作、事业奋斗，努力赚钞票，这是必需的。你也必须有事业，起码跟他旗鼓相当，这样你才能在经济地位上跟他平起平坐，底气才足，精神上才会有共同语言，不要整天要求一个男人跟你爱来爱去的。

1. 分手到底威胁了谁

不要动不动以分手威胁男人，90% 的姑娘说分手的时候，只是为了让男人挽留自己，然后给自己心理安慰说这个男人还在乎自己。有 50% 的姑娘达到了目的，有 50% 的姑娘就真被分手了，后面这 50% 的姑娘分手之后便纠结、伤心、自责，说自己多么不好，多么不懂事，其实男人对她很好，都是她自己“作”，然后又没一点尊严地死皮赖脸地去要求复合。

动不动说分手的姑娘，你觉得这样有意思吗？ 你这样的行为只会让男人觉得“狼来了”，人会疲掉的，然后就觉得这个女人好烦好烦哦，整天搞点有的没的，真不能跟她再好了，否则浪费精神浪费时间。 然后那姑娘就只能一个人在各种网络论坛里把自己说得多么悲惨多么可怜，姑娘你真有空！

分手不是随便说的，多说伤元气，你跟你男人之间只有一次说分手的机会，那就是你内心真的决定分手了。 你已经思前想后斟酌了很久，你觉得这个男人不适合你，你们走下去是浪费时间，为了各自的幸福，分手是最理智的选择，而且不带半点后悔的，那么请勇敢地说分手，那是真的，不是“狼来了”。 如果这样分的手，或许分开之后会有短暂的难过，因为要去适应，但不会太伤心，因为这是理智的选择。 同时，这样你在男人的心中也会有份美好，他会时不时地想起你，挂念着你，或许在未来的某天你们还会有交集。

2. 他跟你分手的真相

如果男人跟你提分手了，请你果断地不带半点犹豫地转身离开。 不要去问为什么，因为男人的回答可以千奇百怪。 90% 的男人会把理由推到客观因素上，比如经济啊、家庭条件啊、学业啊、事业啊等，很少有男人诚实地告诉你只是因为不爱你了，对你没感觉了。 但是，我要告诉你，其实分手的原因就真的只有一个：他不爱你了，没感觉了。 虽然很受打击，但你必须面对和接受。

不要去给男人找理由，去相信他的什么经济、家庭条件、学业、事业等借口，如果这些是理由，那他跟任何一个姑娘谈恋爱都存在这些问题，他就不配谈恋爱。但事实是，在跟你分手了不久之后，他可能又有了新欢！你知道吗，不爱了就是不爱了，今天有感觉的时候可以24小时腻在一起，可是这种感觉是会慢慢减弱的，到了你身上没有吸引他的东西之后，你又不能给他带来经济上或精神上的实惠的时候，他就离你越来越远了。所以，在他提分手的那刻，请你保持尊严，不要像怨妇、弃妇一样纠缠不休，要果断地离开，然后积极寻找下一段恋情。

如何面对曾抛弃自己的男友

如果你是那根被吃的“回头草”，男人想要回头了，你该怎么办？很多人说，“放下，别理他”。可没这么容易，这么说的人全然不知女性是感情动物，而且又是作为旁观者发表意见，只有落到自己头上，才会发现选择起来的困难。

如果你真的要重回一段感情，那么首先要看看你们的伤口好了没有，看看对方是否真心诚意，是否只是又拿你当成寂寞的过渡，一定要谨慎决定。很多人好了伤疤忘了痛，甚至在没有好利索的时候，就匆匆回到了情感的赛场上，结果旧伤未愈，新伤又增，说起来还是自己太痴情、太用情。

有人以为用感情可以治愈感情，这是真的吗？其实这是双刃剑，具有两面性。

紫薇和男友相爱6年了，但这些年来，男友的父母从未放弃反对他们在一起，他们嫌紫薇在单亲家庭长大（和母亲生活），认为她的性格会不好。面对父母的压力，男友一度犹豫过，试图放弃紫薇，并且好多天不联络。察觉到男友的游移，紫薇觉得寒心，和男友大吵一架后，闪电般地接受了另一个同学的求爱。半年后，冷静下来的紫薇才知道谁都代替不了前男友，就主动回到他身边，一段时间后还怀上了孩子。然而情况不妙，男友提出分手，坚持要紫薇打掉孩子。由此引发了他们第一次动手打架，之后他们再次分手。不久后，男友在爱情上遭遇挫折，还受了骗，赔了钱，于是又回到紫薇身边。现在他们开始谈婚论嫁了，但他们将要住的这个房子让紫薇充满了痛苦的回忆：一想到他曾如此狠心地打自己，离开自己，让自己一个人流浪在这个陌生的城市，她就恨男友；一想到他曾经做出过不要孩子的决定，她就无比心寒。紫薇一直把男友当作她的亲人，可就是这个人，反复不定，把她当作“垃圾”一样扔来扔去，让她不敢相信这个世界上还有所谓的爱情。然而自己又离不开他，一旦远离他，就觉得远离幸福，心里不踏实；但靠近他，就靠近痛苦，担心以后他还会反复不定。她很是犹豫，不知道该怎么办。

紫薇的情感很典型，因为她的两次分手都是同一个模式：第一，紫薇的情感看上去很脆弱，一旦外界出现压力，就容易出现问题；第二，两次分手后，既有紫薇的主动，也有男友的回归，两人真是不离不弃，但终究是男的狠心了点，而且狠得没骨气，又回来了。所以，她怨他，甚至恨他，可是依然离不开他。

在两性关系中，像紫薇这样的人，往往没有足够的韧性，或者说没有人教给她们足够的耐心处理情感中的分歧。她用“激烈的争吵—分裂—最后投降—回归”这一过山车式的曲线解决两性关系中的问题，实在是刺激，但受伤的心却是很难愈合的。这是个什么游戏？控制与被控制的游戏，要挟与被要挟的游戏，这些游戏可以将你们成功变成绑匪和人质的关系，而不再是伴侣。

什么样的情感关系是永远无法分离的？恐怕只有亲情。而爱情或者婚姻却不是亲情，它是随时都可以分离的，如果你将爱情当成亲情来过，那么就会出现张冠李戴的状况，其结果是什么？比如紫薇，在男友的感情成分中，或许有一些父爱在里面，导致她不能割舍这份情感，更难于面对今后的婚姻。

如果你将爱情当成亲情，那说明你还是一个没有完成“分化”任务的小孩子。这个世界是靠“分化”而存在的，当一个精子和一个卵子结合后，会开始细胞分裂，没有细胞分裂、不断的分化就不会有生命的诞生。同样，人生也是由无数分化组成的，其中一个具有里程碑意义的分化完成于我们和原生家庭。我们将与原生家庭分离，这种分离不光发生在物理世界，还发生在心理世界，这种分化的一个标志就是，我们可以用对待情侣的方式对待情侣，而不用对待父母的方式对待情侣。我们能从原来小孩子的角色中走出来，用成人的方式面对成人的问题，而不再试图将自己的世界还原和泛化为原生家庭。

那么像紫薇这样的人，该怎么办？首先要解决的是方法论的问题，其实紫薇解决问题的方式很典型，代表了很多情侣之间解决问题的方式：先忍，然后爆发，然后做出不理智的行为，然后在恐惧或焦虑等情绪的“威胁”下再次放弃自己的“尊严”而“讨饶”……看上去好像是什么？非常像小孩子对父母的样子。先是将因父母对自己的忽视以及某些强迫性行为而产生的种种不良情绪进行压抑，在压不住的时候，就开始爆发，爆发以后害怕父母抛弃自己，又开始“讨饶”，这样的小孩子因为从小到大一直没有“打赢”父母，所以他们就要在自己的情感关系中继续这场永远打不赢的战争。这场战争之所以打不赢，是因为这样的关系好像是弹簧，先是压抑，然后释放，然后再次压抑。这看上去好像成了解决问题的方式，然而，问题其实没有解决，只是用发泄来将情绪的脓挤了一些出去，而真正的病没有解决。

什么是真正的症结？那就是相信自己可以独自活下去的理由；不相信别人真正会爱自己，不相信自己可以真正掌握感情的主动权；一切都要靠别人给予，而无法为解决问题提供建设性的方案。

现在回过头来看，紫薇对房子的不接纳其实是一种象征，那就是她需要解决的问题依然还在那里，如果那些经历所造成的伤害没有解决，那么它会以各种形式提醒你它的存在。然而讽刺意义在于：人们往往希望可以回避和快进，以避免痛苦以及脆弱，但除非真正经历痛苦和脆弱，否则无法真正放下它们。除非你真正下定决心，和对方一起真正面对你们一直试图绕开的问题，问题才能不再是问题。

解决问题的第一大秘诀就是开诚布公，你只有表白心迹，才能让别人真正理解你的心情。这个世界你没有表达，就不会产生理解，没有人可以天生具有超强的猜测能力，你只有真正告诉对方你的内心体验，对方才能真正在这个层面和你互动。

第一个建议：当有冲突的时候，你需要将自己的恐惧，以及自己在关系中的被动，告诉对方。你也需要告诉对方自己在关系中的种种困惑和迷茫。比如对紫薇而言，似乎她的男友是个客栈的老板，她想来就来，想走就走，他没有什么异议。难道她对此不好奇？他的情感到哪里去了？很多时候，人们会花很大力气不让自己感到脆弱和伤痛，其实悲伤、恐惧、绝望和爱、快乐、希望一样都是人类重要的情感，否认和麻痹所谓的“负面情绪”对这些情感所造成的痛苦不会起到任何作用。压抑下去，只会让它们隐藏得更深，而破解起来更复杂，最后可能会藏到“病入膏肓”的深度，而问题却愈加严重了。

这些情感意味着你们的关系面临着一次重大的突破，你们需要真正探讨你们在这些事件中的感受。如果你们没真正谈过彼此的恐惧和脆弱，那么你们的关系可能会重蹈覆辙，坐失关系成长的良机，而进入下一个恶性循环中。

第二个建议就是一个仪式，人类是靠仪式而给自己一个暗示，仪式往往代表着新的启程。很多时候，人们需要放下的时候，需要举行一些仪式，让内心真正做出决定。比如紫薇可以粉刷房间或者换一个房子，这不是逃避，而是一种仪式，这意味着她决心换一种活法，重新开始。我们只有充分表达伤痛，才能治愈伤痛。逃避无益，不绕开你们之间的问题，才能去解决问题。

保护过去的“情史”

小梅恋爱了，男友赵刚英俊潇洒，事业有成，最重要的是对她体贴备至。可是小梅却总是开心不起来，因为她曾经有过一段失败的恋爱，而赵刚和她却是第一次恋爱。她忧伤地感叹：“在他面前，我为我的过去感觉羞愧，你不知道他有多么好，我恨我不是那种像羔羊般洁白的姑娘。”

两人开始商量结婚的事，而小梅心里的内疚感也日益强烈。终于有一天，小梅向赵刚主动坦白了她过去的情史。在她看来，如果赵刚能接受自己的过去，就可以有安全感地和他在一起；如果赵刚不能接受，那么早点离开，也省得浪费大家的时间……

赵刚很错愕，还有点伤心。但赵刚深爱着小梅，并没有马上提出分手。婚礼也如期举行。

可是，此后，赵刚常常会锲而不舍地追问小梅：

“你以前的男朋友还找你吗？”

“你是不是曾经很爱他？”

“你和他在一起的时候是不是很快乐？”

“他对你好吗？有没有我对你这么好？”

“你有没有挂念他？”

“你们为什么分手?”

“他做什么职业的？一个月赚多少钱?”

“他是怎样吻你的?”

“你和他有没有做过那件事?”

小梅告诉他：“以前的事我不想再提，我只想好好和你在一起。”

可是赵刚仍然死缠烂打，说：“你告诉我吧，我不会生气的。”

更为可怕的是，如果两人发生争吵，赵刚就会把小梅前男友的事情抖搂出来，然后讽刺挖苦一番。

根据经验和统计数字来看，坦白了情史的女人多数都以“不好的结局”收场，男人的态度不一定马上改变，但你的过去在他的心里就像一颗定时炸弹，迟早会爆发，记住，男人也有好奇心，他可能很想知道你的过去，事前也会哄你说：他一点儿也不介意，如果你真的相信他不会生气，而把你和旧情人之间的事告诉他，那就完蛋了。他会把你和旧情人怎样亲热的情景记在心上，然后认为你是一个很随便的女人。渐渐地，你会发觉你的男人“变了”，不再当你是“宝”，如果这时有个“没有过去的女人”出现在他身边的话，我敢保证你们这段感情将面临重大的灾难和挑战，甚至返魂乏术了。

男人永远不会因为你的坦白而更爱你，只会破坏你们目前健康的感情关系。这就像几百年前蒲松龄在《聊斋》里讲的故事，那个女鬼用一张精心描画的人皮收获了爱情，可当不小心让丈夫看到了她揭掉人皮后的狰狞鬼脸，丈夫没有因为知道了她的隐私而和她更相亲相爱，而是被吓死了。虽然你的隐私不至于把你的男友吓死，但是，会把他吓跑的，你坦诚的唯一收获是又多了一桩伤感的隐私。

就算他现在口口声声说不在乎，可你说出来的细节竟是历历在目的电影画面，真人真事在眼前，怎么可能不刺伤充满爱意的眼。即使他现在原谅了你，他还怕自己今后被别人指手画脚地说，他的她曾经是某某的亲密朋友，弄得他很没面子，好像自己变成了横刀夺爱的第三者或是他只是捡了别人不要的“东西”。

虽然女人已经为曾经那段感情付出了昂贵的代价，但是，那让女人受伤的罚单可能会一直没完没了地罚下去……她的男人惩罚完了，还有她的婆婆继续惩罚着。有位闹离婚的朋友，她的婚姻之所以走向边沿的地带，是因为她的婆婆长期背着她的丈夫拿她过往的情史对她进行人身攻击，她婆婆之所以知道她的过去，也是从她丈夫与她吵架的过程中听到的，自那之后，她婆婆就没完没了地拿这个折磨她。

其实，女人又何苦为自己的过去苦恼呢？记住很重要的一点，你的过去和现在没有任何关系，你有权维护个人隐私，不需要向任何人交代，也无须自责，这不是欺骗，这是两性相处的艺术！

人们很容易原谅男人的过去，却无法原谅女人的过去，人们普遍认为男人的过去是人生的一部分财富，没有经历的男人反而会被人轻蔑嘲笑，难怪有人说“男人不坏，女人不爱”，过去确实只是曾经的岁月，那是已经凝固而无法改变的事实，男人说起自己的过去，无论好坏都会滔滔不绝一番，但却十分惊惧别人议论自己女人的过去，原来这是男人灵魂上最脆弱的一环，弱得毫无免疫力，稍有不慎，女人的过去就会将她一生的幸福埋葬。

常言道"英雄莫问出处"，勇敢地拿把剪刀将过去剪断，你的现在才是你的全部，现在美丽就美丽，现在不美丽就想办法将它变美丽。

男人的承诺只是个相对的概念

“有一个人曾对我说，这辈子我非你不娶，没有你我不会结婚；

“有一个人曾对我说，认识你真好，我要陪你一起慢慢地变老；

“有一个人曾对我说，我会照顾你一生一世，要让所有人羡慕你的幸福；

“有一个人曾对我说，只要想我，就给我打电话，我的手机一直为你开；

有一个人曾对我说……”

这是两年前，一个男人曾对我许下的承诺，一字一句，刻骨铭心。他说：“我会爱你到海枯石烂。”可现在，曾跟我说过这些话的人，却不见了。他说：“见你受委屈会好心疼。”可现在，我一个人，在没有他的城市，生病了，心痛得想死，他真的都不在乎了吗？他再也不会为我心疼了吗？

子萱躺在病床上，双目紧闭，眼角还残留着哭过的痕迹。旁边散落的笔记本上，用铅笔凌乱地记录着她的心情。

看到她的痛苦，我能理解她的心情。在爱情中挣扎的痴男怨女们，有几个没承受过这种痛苦？并不是只有子萱在守着这些承诺感伤。当爱情消逝的时候，还有很多“子萱”守着他曾说的天长地久，等待他来实现他承诺的永远，但这个人，终究还是不曾出现。

很多女人都在疑惑：“男人承诺的永远，到底有多远呢？”

这些女人首先要明白的是，男人为什么愿意给你这些承诺？

因为女人爱听，不管是大女人还是小女人，都喜欢听漂亮的情话和天长地久的承诺。男人利用了这一点，满足了女人小小的愿望，女人高兴了，他就能获得他想要的东西。这么便宜的事，干吗不做呢？

当然更多的时候，这些承诺的确是他真心的想法。只是这个承诺的有效期只存在于他说话的那一刻，也许在当时，他真的觉得自己可以做得到。

但诺言只是当时爱情的一部分，皮之不存，毛将焉附？他不再爱你，这个事实比那些天长地久更真实。所以，诺言这种东西，当甜言蜜语也就罢了，不可认真。

其次，女人还要明白，男人承诺的永远真的有用吗？承诺本身，就是男人与女人之间的一场角力，有时皆大欢喜，有时两败俱伤。

如果他深爱一个女人，有没有承诺是没有区别的，男人骗女人容易，骗自己难。试问，有谁能在和新欢甜言蜜语时还会想到曾经许给旧爱的承诺呢？不爱了，承诺的永远就到尽头了。

要知道，男人口中承诺的永远，只是个相对的概念，并不代表永恒，世间万事万物都在变，没有人能够做到以不变应万变。人本来就是矛盾的综合体，在矛盾中，人的思想时刻都会发生变化，诺言也许转瞬就会忘记。

既然如此，面对他承诺的永远，女孩们又该怎么对待呢？

如果你们现在还是甜蜜的情侣，面对他的诅咒起誓，就相信他此时的真心吧，不要拆穿、不要依赖，更不要以此来判断他爱你的深浅。有时男人承诺的永远，只不过是他们一篇很随意的草稿。

判断他爱不爱你，只需要一个标准：不要听他说了什么，要看他做了什么。如果他说了很多甜言蜜语，却一点实际的事不做，这样的男人，不要也罢。

如果你们的关系已经走到尽头，只剩你一人沉浸在承诺里不能自拔，也没有什么大不了的。每个女人一生中都会碰到这么一个男人，但傻一次可以，傻两次以上者就太不长记性了。

谁也不能保证自己能对一个人痴心不变，谁也不能保证一辈子只爱一个人，或许你会对一个人付出很多的爱，或许你爱得很深，但那只能说明你爱的程度，问自己一句：在未来漫长的日子里，你会至死厮守一个不再爱你的人吗？

时间会改变一切，当时承诺的永远，过后看来，没有任何的意义。一切的一切都已不再是从前模样。两个人能够相逢、相知，陪伴彼此走过一段岁月，就是一段很奇妙的缘分。既然如此，彼此真心地付出和用心地呵护，远比天长地久的承诺更有价值。

后来，子萱出院了，在生死线上徘徊了一圈的她，已经不像当初那样幼稚。休养了一段日子，她选择了去另外一个城市发展，临走之前，她将她随身的笔记本交给我，让我转交给他。子萱说：“这份回忆是属于他的，还给他，我会走得轻松一点。”

在笔记本的封面上，有她娟秀的字迹：“翔，很感谢你对我付出的爱，虽然我不知道那是不是我的错觉，也很感动你对我许下的永远，在我们相爱的日子里，它曾经是我呼吸的空气。但对不起，我也要背弃承诺了，以后的日子里，希望你找到一个可以真心对待的恋人，只是不要再轻许诺言，别再说爱她永远，别再对她说此情不变，谁也不知道永远有多远，虽然女孩子都渴望永恒的承诺，期待海誓山盟，但诺言也会改变，随着时间的流逝，回头看看，其实我们早已渐行渐远……”

女人真的很傻，其实她们都知道，那承诺和誓言都是美丽的海市蜃楼，可还是傻傻地期待着，有一天她的白马王子会踏着七彩祥云来娶她。清醒一点吧！有时候，男人承诺的只是一个虚词，何苦为了这些虚无缥缈的诺言浪费自己的眼泪呢？

空虚的时候找不到爱情

我们身边老是有人抱怨说，他们的相处平淡到了乏味的地步，因为他们的伴侣不能使他们感到完整和圆满，他们之间的这种关系不值得维持下去。但往往就是说这个话的他或者她本身不够完整和圆满，反而希望爱人去填补他们感情和精神上的空虚，实际上他们的那些空虚，在两个人认识以前就早已存在了。有一篇名人访谈，被访者说，结婚后还是寂寞的，只不过，寂寞换了一种形式。相遇是容易的事，沟通却是困难的事。朝夕相处，两个人却常常相对无语，这样的寂寞，深不见底。

这位名人很坦率，他的话实际上是在告诉你，如果你内心感到非常空虚，你的伴侣不论多么爱你，也不能填补你的空虚。罗曼·罗兰在《约翰·克利斯朵夫》中说："最糟的是两人从早到晚在一起生活，跟旁人完全隔离。心中苦闷的时候，因为只有两个人而且彼此爱莫能助，所以苦闷格外加强，结果双方又怪怨对方，到后来真的相信自己的痛苦是应该由对方负责的。"如果你把配偶当成自己感情上或精神上的救星，这样反而会破坏你们之间美满而良好的关系。只有你自己能填补那些空白点，只有你能救自己，而恋人的爱只能在治愈你的过程中支持你，并且教你如何全新自爱。说到底，你要做自己的“救命恩人”。

也许你可以通过下面的小测试，来确认自己是否感情和精神空虚，并借机对症下药。仔细思考每一种情况，看自己是否会有测试题中的想法，如实作答，答案评分如下。

频繁——0 分

经常——4 分

偶尔——8 分

很少或从未——10 分

(1) 我怕孤独和“没有事情”做。我要开着收音机或电视，我要有人陪我，或忙着做点什么事。

(2) 我在生活中没有明确的目标，我也不知道自己在干些什么。

(3) 我说不出自己的生活理想和信仰是什么，我弄不清楚什么是对，什么是错。

(4) 我从来不单独为我自己做点什么令人开心的事，如做点好吃的饭菜、外出旅行、化妆打扮等，我有情侣的时候才有兴趣做这些事。

(5) 我不愿意想或谈论生活的意义，像死亡、宗教、上帝、我的童年等，因为谈了不舒服。

(6) 我喜欢把事情治理得井井有条，如果突然发生变化，我会惊慌失措。

(7) 我把我自己生活中的不利方面和别人的成功幸福比较，我愿意与许多人换换位置。

(8) 我感觉最好的时候是，我的时间是固定的，我的生活是按计划进行的。我喜欢整体性，不喜欢自发性。

(9) 我对自己有什么好事会感到难为情，譬如，我在工作中受到表扬，受到夸奖，或者相信别人是真正爱我。

(10) 甚至在有人爱我，或者有什么好事来临的时候，我也很难真正感到快乐。

现在把分数加起来：

80—100 分：你的精神和感情状况是健康的。你很欣赏自己的内心世界，并充分地享有你的客观世界。你有着强烈的自我意识和生活目标，能够把成熟和爱情带给自己和别人。花点时间考虑得分低的情况，改进你的不足之处。

60—79 分：你的精神和感情状况不错，但是可以做得更好一些。在有些地方你已经有了很大的进步，在其他方面仍需努力去得到你应该拥有的宁静和幸福。不虐待自己，这样就足够了。要更加信赖自己，减少控制欲。你随时可能会有一个恋人，但必须注意的是，不要期望你的伴侣会爱你超过你对自己的爱，否则就会破坏你们之间的关系。

40—59 分：警告！你的感情和精神生活很空虚，妨碍了你拥有一个爱你的恋人。你太注意你的客观世界了。现在是你应该认真看看自己到底是怎样一个人的时候了，你不能逃避自己。你的爱情生活一直很痛苦的原因是，你自己的精神和感情状况不佳。如果你是单身，继续

"断绝关系"至少3～6个月——不要幽会、不要调情、不要有异性间的亲密行为，利用这段时间去了解自己。要读书、上课、参加讨论会、多沉思、到大自然中去、写日记。如果你现在有一个恋人，并且要继续保持你们的关系，也同样去做这些事，同时，与你的伴侣稍稍保持一点距离。只有你自己快乐，别人才能使你快乐。

0—39分：危机！你的感情和精神都处于饥饿状态，你应该立即注意你的生活，不要期望别人会来救你，只有你能救你自己。醒悟过来吧！记住，你到这星球来是有理由的——学习和成长，而不是逃避自己。不要因为你的痛苦而谴责别人，站起来，对你的绝望进行还击。你需要时间了解自己，知道如何爱护自己，不然的话，你就根本不用考虑找伴侣建立一个良好的关系。

门当户对是现实爱情的选择

父母现实的眼光一般与“门当户对”挂钩，而以“门当户对”来衡量爱情是否有道理呢？其实还是有道理的。一提“门当户对”，我们很容易想起在旧社会中所谓双方家庭的社会地位和经济地位状况相当的旧式婚姻制度下的“门当户对”，这给天下多少有情人造成了不幸，也造成了许多恋爱的悲剧。事实上“门当户对”的婚姻是保证美满婚姻的一个起码条件，许多美满婚姻还是历历可数的，应该说还占了一个很大的比例。

今天，我们提的门当户对是双方家庭的为人道德、文化素养和家教家风要相近。而前两者决定着一个家庭的家教要求，长期的家教又会形成家风。如此的“相近”，会培养形成家庭成员的基本素质及人生价值观。而素质的优劣、人生价值观的不同，反映在对人对己对事态度不同，甚而会全然相反。爱人之间的相处，也总离不开对人对己对事的态度，感情融洽与否，婚姻美满与否，寻根究底，确实都有一个门当户对的问题。“百年伉俪是前缘，天意巧周全”，大抵什么层次的人，上天给他配什么层次的伴侣，所以两性之间得以保持整体稳定。街头流浪的乞丐，老婆要么在乡间种田，要么也在都市里乞讨过活，而绝不可能是个女博士。戴安娜不就是门不当户不对地嫁进了英国王室吗？ 结果还是悲剧，她与英王室的格格不入举世皆知。 当年多少下乡的知青回城后，婚姻的大厦即刻倒塌。 坦白一点说，就是把乡下的糟糠之妻给下了堂。 这其中固然有人性恶的因素，但也并不尽然。 经历、文化的差异迫使他们“始乱终弃”。 道义会谴责他们，但换个角度，在已不存在性饥渴的前提下，要一个知识分子一辈子守着一个目不识丁的妻子，心里也快乐不起来吧。

露丝爱上杰克只是好莱坞电影工业一手炮制的童话。 正因为是人间难得几回见的童话，《泰坦尼克号》的爱情故事才赚得了无数男女的眼泪。 所以我们可以做的是听听父母的忠告，父母把他们的眼光投到了现实中的更具体的层面，而不是风花雪月的爱情。 在需要物质和精神两种食粮让人快乐的今天，我们更愿意选择门当户对，两个人既需要有相同的生活习惯，还需要有共同的进步，而这恰恰是一起幸福、高素质婚姻的体现。 以为爱情可以超越一切，而无视“门当户对”的劝告，必将为日后的婚姻生活埋下苦果。

不被祝福的爱情举步维艰

将仲子兮，无逾我里，无折我树杞。岂敢爱之，畏我父母。仲可怀也，父母之言亦可畏也。

将仲子兮，无逾我墙，无折我树桑。岂敢爱之，畏我诸兄。仲可怀也，诸兄之言亦可畏也。

将仲子兮，无逾我园，无折我树檀。岂敢爱之，畏人之多言。仲可怀也，人之多言亦可畏也。

——选自《国风·郑风·将仲子》

在古代，年轻人的恋爱受到父母干涉的例子是很多的，如《国风·郑风·将仲子》写到家长的干涉。而《将仲子》里的这位女主人公害怕的也正是这些礼教。对于仲子的爱和父母、诸兄及旁人之言成为少女心中纠缠不清的矛盾。一边是自己所爱的人，另一边是自己的父母兄弟，怎么办呢？几多愁苦，几多矛盾，少女的心事又怎能说清呢？这种痛苦和矛盾的心理根源还是在于“父母之言亦可畏也”，“人之多言亦可畏也”。其实在现代社会里，不能得到父母的同意也是一个很棘手的问题，有的为之奋斗最后获得了成功，但也有为之付出沉重代价的。父母不赞同子女的爱情可能存在两种方式，一种是用沉默、无言以待，表示反对。这种方式还是一种善待方式，把主动权交给了子女，让他们的爱情自生发展，或生存或毁灭，与他们无关。另一种方式是采取强烈的行动以示抗议。这种行为方式是比较可怕的，它完全剥夺了子女拥有爱情的主动权，可能使你因为痛失爱情而不能自拔。

志与柯的爱情的夭折是不被祝福的爱情举步维艰的现代版。志是南方人，在北京工作，他的父母为他选择了一个门当户对的京城富家千金，可是志觉得这不是真正的爱情，他要自己寻找自己的梦中情人。当他在一个学校的舞会中瞥见了那个不太会跳舞的柯时，他被她深深地吸引了。他知道她就是他的最爱。志的母亲匆匆地来到北京，她要看看柯，毕竟她是志千挑万选出来的。柯出生于小镇，她对他的爱是受宠若惊的，而对志的母亲的到来更是诚惶诚恐。三次见面出现三次意外，送的苹果有虫，借自行车翻车，送行汽车出事，更是加重了志的母亲对柯的不屑和拒绝。她说柯是克她的。然而志不信邪，他终于和她在一起了。但是志的做法引起了他父母的不满，他们沉默了，既不表示坚决反对，也不做任何行动来限制这段感情。在随后相处的日子里，志从此感觉到了生活的压力和工作的不如意，回到家里，还要解决与柯因为生活习惯和人生观念差异所带来的矛盾，他很痛苦，但是他又是那么爱柯，他怎能把这种痛苦显形于色？时间一天天地过去了，志与柯的问题也越来越严重，志觉得自己的生活质量下降了，柯对他照顾得不好，而柯却觉得自己能力不强，需要在外面锻炼，没有很多的时间去照顾他。志觉得柯必须拥有每月 8000 元的薪水才可以完全和他建立起美好的家庭，而柯已经有了深深的忧虑，毕竟她也希望自己能多挣钱，可是这又不能由她的意志为转移。她很无奈而又无力。为了一些生活琐事，他们陷入了无谓的争吵之中，而这种争吵最终伤害了彼此的感情，他们最后极其不情愿地分了，他们分手的时候是哭着、相拥着分手的。志最后向父母妥协了，他要出国留学，这笔不小的开支只能向父母伸手……这是一个真实的故事，虽然他们之间的爱情是纯粹的。分手后，柯的心碎了，每当想起志和志给她留下的一切印记，她的心恍若被焦灼一样，很痛。有时候柯一直在想，如果那时他们对他的父母好一点，做得更好一点，不是快速地反抗和决裂，也许能争取到父母的谅解和支持，他们也许不会变成这样的。

其实不然，他们的问题本身在于他们的观念和生活习惯的差距太大。毕竟柯是羸弱而娇小的，承受不起志给她的太多的生活压力，而志的孤军奋战让他感受到了自己力量的微薄，他觉得自己不能给柯幸福，所以两个人都不快乐。事实上父母还是看到了这两个人的不同，哪有一个母亲不了解自己的儿子，柯的弱是志不能扶持的，而最终的结果就是分手。

父母用行动的方式对你的爱情表示否定，这是一种危险的信号。不管这种行动是否有道理，但在现今确实是年轻人爱情之旅的很大障碍。

小雨和平是初中同学，读大学时，他们相爱了。小雨的父母自从发现“蛛丝马迹”后，就开始了强烈的“反击战”。首先是严厉的批评，然后动之以情，晓之以理，历数平家庭条件如何不好，和平在一起如何吃亏，以后会如何受苦。小雨对父母的反对置之不理。他的反抗激怒了家人。过春节时，他父母搬来了所有的“救兵”，亲朋好友几乎全来了，在狂轰滥炸的讨伐中，在翻天覆地的争吵声中，小雨愤而离家，这一走，就是三个学期没有回家。父母断了他所有的经济来源，小雨为了能继续学业，不停地做家教、跑销售、去外校代课……每每看到疲于生计的小雨，看到他沉默着不停抽烟的背影，听到他孩子般近乎哀怨的诉说，平都心如刀割，泪如泉涌。平在心中千万遍问：家庭条件能代表什么？他的父母怎么能这样看待我？这对我不公平。但我又是个罪人，是我让小雨有家不能归，是我让他们两代人之间加深了隔阂……平也曾无数次想到分手，但每次还未开口，就已泣不成声，他们彼此都无法割舍这份爱。时间是治愈伤痛的最佳良药，他们在等待中祈盼着他的父母能回心转意，也在等待中面对毕业、择业、参加工作……在这四年的时间里，平不断劝小雨和家里人缓解矛盾，常回家看看双亲，和他们好好沟通。但小雨的努力似乎没有多大成效，他父母依然不为所动。显然他们的爱情之旅是艰难的，虽然他们经过三年奋斗，终于小有存款，付了首期住进了一套80平方米的房子，又小鸟筑巢般苦心经营着这个小家。但是其中的艰辛和凄苦谁能够体会到。虽然他们经历了千辛万苦，终于小有成就，但彼此的付出却是一般人的两倍还要多，现在小雨也会经常思念双亲，希望能和他们住在一起，但是面对双亲阴沉的脸，他们的心都是痛的。

是的，你的爱情如果得不到父母的赞许，那肯定存在在他们看来的所谓的问题。他们的经验告诉你们，不管这种经验是对是错，你们是不合适的，在一起必须克服很大的困难。“不听老人言，吃亏在眼前”，想想还是有道理的，父母的经历毕竟也是一种可贵的经验，虽然可能有些观念已经落伍了。所以面对父母的建议，我们还是要三思而后行，因为没有任何东西是没有其存在的道理的。我们还是要分析，爱情是否有长期存在的可能，从两人的人生观、价值观和日常的生活方式、行为习惯入手，看看彼此间是否存在很大差异。这种差异是不是可以接受的，或是可以改变而接受的。如果对爱情执迷不悟，那就努力，为了爱而坚持自己的信念，也许爱的芬芳总会有绽放的一刻。如果两人不可改变、不能认同的话，就要考虑赶紧快刀斩乱麻，以防加剧痛苦。毕竟爱情是漫长的旅程，是一辈子的事。

♂ 承诺并不全然可信 ♀

最近怎么看你这么郁郁寡欢的，出什么事了吗？
我失恋了。
怎么回事啊？
我那天下班早，本来准备去他公司楼下给他一个惊喜，却见他搂着另一个女孩走远了。
他既然对你不忠，你就不要再惦记他了，为他伤心流泪多不值得啊。
可是他曾经说过会一生一世对我好，还说过会娶我，怎么这些誓言就不算数了呢？
誓言不具有永久效力，男人的承诺往往只是口头许诺，忘掉那些旧誓言，早日迎接新生活才是你现在最应该做的。